心理学博士
D・リーバーマン
心理学博士
伊東 明 訳

どんな相手でも味方につける

最強の心理戦術

三笠書房

MAKE PEACE WITH ANYONE

by David J. Lieberman

Japanese translation published by
arrangement with St. Martin's Press, LLC
through The English Agency (Japan) Ltd.

訳者のことば

人間関係を画期的に好転させる「心理マジック」！

このまえがきを書くにあたり、一読者として本書をもう一度読み直してみた。

穏やかな気持ちと、内側からわき上がってくる元気な気持ち。

自分の心を探ってみると、本書がその二つの素晴らしい気持ちを私に与えてくれたことに気づいた。

本書は、私たちが日々の生活や人生の中でいやがおうにもめぐりあう「人間関係のすれ違い」に焦点を当てている。

ほんのささいな一言やちょっとした誤解から始まったすれ違いもあれば、相手に深刻な迷惑をかけたことから生じるすれ違いもあるだろう。

仕事上でのこともあれば、家庭でのこと、もしくは恋人や友人とのこともあるだろう。あげていけばきりがない。

私たちは、文字どおり、日々ありとあらゆる人間関係のすれ違いを経験する。そして、それが心の苦しみの大きな種になっているのである。

そこで私たちはこう思う。

「ああ、どうして人間関係ってこんなにも難しいんだろうか？　この悩みさえなければもっと日々を楽しく生きられるのに……」

そして悩む。

「自分が悪いんだろうか、相手が悪いんだろうか？」「あいつさえあんなことをいわなければ……」「あの人がこうしてくれるだけでいいのに」「仲直りしたいけど、どうすればいいかわからない」「許してあげてもいいが、このまま許すのは釈然としない」「向こうから謝ってきたら許すけど、自分からは働きかけるもんか」「所詮、あの人とうまくやるなんて無理なのかしら？」ｅｔｃ

結局のところ、誰もが人とよい関係を築きたいと思っている。ところが、実際にはつまずくばかり。どうしてつまずいてしまうのか理由が知りたい、つまずいてしまったとき修復する方法が知りたい、つまずかないようになるための秘訣が知りたい……人間関係のすれ違いから生じる苦しみは、私たちの心の中にそんな欲求を芽生えさせるのではないだろうか。

本書の著者であるリーバーマンは、それに対して、ストレートで、力強く、シンプルな答えを提供してくれている。

まずは、人間関係のすれ違いの裏で生じている心理的なダイナミクスを、非常にわかりやすい心理分析の形で教えてくれる。

私が本書を読み終えたあと、とても「穏やかな気持ち」になれたのはそのためだ。ほとんど瞬間的にわき上がってくるかに思えていたような怒りの気持ちや、絡み合った糸のようにひたすらぐるぐるとうごめくように思えていた悲しみ、嫉妬、憎しみ、無力感といったイヤな感情も、実は裏を返せば〝自尊感情〟や〝主体感覚〟といった非常にシンプルなものから派生していただけだったのである。

マジックのタネを明かされた瞬間に「なーんだ」と拍子抜けしてしまう感覚と同じで、すれ違いの裏にあるこのシンプルな心理メカニズムを知るだけで、ゼロになるとはいわないが、イヤな気持ちがスーッと解けていくような気がした（もっと簡単にいえば、「怒るのがバカバカしくなった」というのが本音だ）。これは自分自身にとっても、相手との関係においても、今後間違いなく活きてくるものと確信している。

そして、その心理分析を踏まえたうえで、これでもかというくらい丁寧に、具体的に、さまざまな形で人間関係のすれ違いを修復する、未然に防ぐ、むしろそれをチャンスとして関係をさらに質の高いものへと変え、そして自分を有利に展開させる方法を紹介してくれる。

確固たる心理学的な理論や実験・調査結果がベースにあるにもかかわらず、それについての言及は最小限におさえ、とにかく読者が「実践で使い、最大限の効果を手にできるよう」に配慮しているのが痛いほど伝わってくる。

もちろん、人間関係のすれ違いにはありとあらゆる状況があるわけだから、読者である私たちのほうでも本書の内容を自分なりに修正や工夫する必要があるだろうが、間違いなく改善に向けてのヒントや手がかりを得ることができるだろう。これからも人間関係のすれ違いは起こるだろうが、そんなときでも「なんとかなりそうだ」、むしろ「本書の内容を試してみるいいチャンスだ」と元気な気持ちになれたのはそのためである。

リーバーマンの著書が邦訳されるのはこれで四冊目ということになるが、私は最初の『自分の中にいる「困った人たち」』（小社刊）以来のリーバーマンのファンであり、同時に、同じ心理学者として非常に尊敬している。

私自身も「理論と実践」ということで、いかに心理学的な理論や知見を誰もが実践で効果を発揮できる形にして伝えるかということを常に考えているので、リーバーマンのわかりやすく、実践的で、それでいてきちんとした学問的ベースを踏まえている著作にはいつも感心させられるのである。

ただ、今回は、そういったことを抜きにして、これからの人生を幸せに生きるための素晴らしいヒントをくれたリーバーマンにひたすら感謝するしだいである。大げさではなく、本当に本書と出合えてよかったというのが私の素直な気持ちだ。

どうか本書が読者のみなさま一人ひとりの素晴らしい人間関係と素晴らしい人生のお役に立ちますように。

伊東　明

どんな相手でも味方につける「最強の心理戦術」◆目次

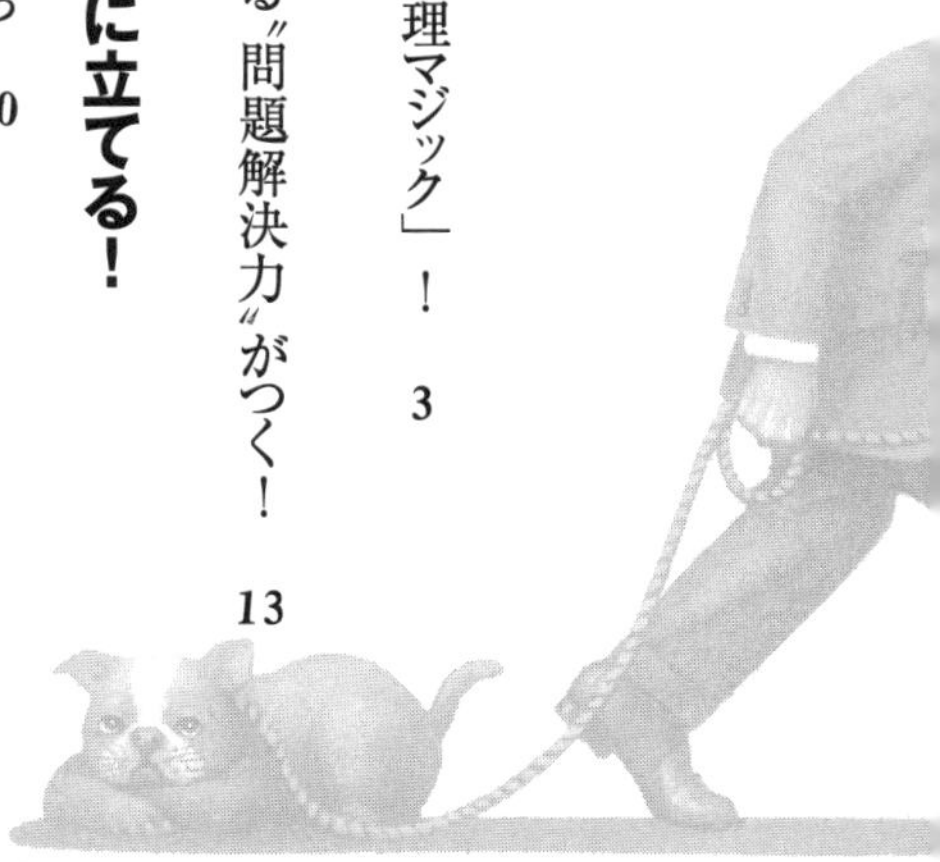

1章

どんなに面倒な相手、状況でも……

この「60秒心理戦術」で、思いどおりの結果に！

2章

どんな意見の食い違いも……

戦わずに、しかも確実に自分の希望を通す！

3章

相手の機嫌を損ねたときには……

ピンチを切り抜ける「とっさの一言」

4章

自分に落ち度があろうとなかろうと……

一度壊れた関係を元のさやに収める「奇跡の心理作戦」

5章 こじれた人間関係に迷惑している……

これで身の回りのトラブルもスッキリ解決！

はじめに

ビジネスに、日常生活に即対応できる〝問題解決力〟がつく！

この本では、どんな争いも心理学的に解決してしまう極意をお教えする。家庭内トラブル、職場での意見の食い違い、友人や恋人とのケンカなどによって生じる不安やストレスからいいかげんに解放されたいというあなた。

まず、どんな状況においても問題解決ができるよう、何をいい、何をすべきか、段階を追って説明していく。気まずい状態が十分、十日、十年続いていようと、心理学の力を借りれば、驚くほど簡単に丸く収めることができる。

この中には心理学上の強力なテクニックとツールがぎっしり詰まっている。それは、人間関係のあらゆる局面で即応用できるものばかりだから、あなたは一秒たりとも時間を無駄にしなくてすむ。

確かに、腹が立っているときは、誰だって機嫌が悪くなる一方である。これはもう当たり前のことだが、本当の問題は、「そこで、どうするか」である。

さらに、相手に——あなたが仲裁に入る場合は、他の二人に——どう働きかけたら、心の傷や怒りを過去のものとして「仲直り」をしてもらえるのか、今後、また似たようなトラブルを起こさないためにも、より固い絆を結ぶにはどうしたらいいかも学べるようにした。

本書を一度読めば、必要なとき、すぐにテクニックを応用できるようになる。自宅学習も、日記も、瞑想もいらない。

いずれの心理作戦も単独で十分に効果を発揮する。だから、まず目次を見て、あなたと状況が似ている例を探し、その心理作戦を実行してみよう。

これでもう、どんな争いであれ、あなたは必ず解決できる。

この心理作戦をうまく使うと、必ず〝勝ちグセ〟がつく

お互いの意見は違うが、口論にまでは発展させたくない。注意しておかなくてはいけないことがあるが、相手を傷つけたくはない。こんなとき、心理学の極意を学んでおけば、どんなに気難しい相手でも、面倒な状況でも、込み入った話でも、冷静に、素早く、簡単に片づけることができる。

同じことを何度も蒸し返しては、ケンカしてしまうあなた。ものの数分で相手があなたの言い分に理解を示し、——喜んで！——賛成してくれるようになるだろう。どんな関係

や状況であれ、不愉快な言い争いとも、これっきり、おさらばできるはずだ。

何が正しいか、というよりも、どうすれば自分に「有利」になるように、速やかに問題を解決できるか、その秘訣を学んでおこう。どんな争いごとも所詮は心理的な駆け引きにすぎない。そこで、こうした心理作戦を使って、勝ちグセをつけておこう。

当然のことながら、完璧な人間などいない。誤解された、口がすべった、軽はずみな行動をした、というときも、こうした心理作戦を用いて、火がつく前に消し止めてしまおう。

さらに、客観的に見て明らかに悪いことをしてしまったときや、状況が好転しそうもないときでも、何をしようと、どれだけ時間がたっていようと、速やかに修復することは可能である。自分のしたことについて心から反省しているなら、許しを請う。そして、思った以上に手っ取り早く信頼関係を再構築できる方法があるので、しっかりと学んでおくことだ。

最後になったが、何よりも最高なのは、あなたにだって立派な仲裁役が務まるということ。状況を好転させることができるのだ！　確執が続いている、あるいは長期間、疎遠になっている人たちの仲裁に入って、あっという間に和解させることができるのである。

強力なテクニックゆえに〝悪用・誤用〟はしないように！

本書に出てくるテクニックや心理作戦を使えば、さらに質の高い、価値ある関係を築くことができるようになる。ただし、これらのテクニックを用いる前に、「何のために、そうするのか」、ぜひとも自問してほしい。

その理由は簡単である。あなたの意図が自分本位で、人を操るためであるとしたら、目標を達成できないばかりか（短期的には、うまくいったように思えるかもしれないが）、自分自身が傷つくことになるからだ。

数多くの研究・実験から、関係者全員が相互にメリットを得るには、どんな関係であれ、修復するための動機は健全なものでなくてはならない、という結果がはっきりと出ているのである。

こうした結果が出るには十分な根拠もある。それは、自分のしたことをどんなに合理化したり正当化したりしても、その行為は心に大きな傷を残す、ということを明らかに示す心理法則がいくつかあるからである。無意識の罪悪感によって自尊感情がむしばまれると、集中力がなくなって情緒不安定に陥り、自己防衛行動をとるようになるのである。

本書は、あなたの人生を豊かにし、好転させることができるだろう。いわゆる「やり直し」がきくわけだ。

心理作戦には大きく分けて三つのテクニックがある。

(1)　相手に敬意を示すなどして関係強化を図るためのテクニック。これは、自由に用いてかまわないし、そうしたほうがいい。

(2)　損ねてしまった相手の機嫌を直すために多少の嘘や誇張表現を使うテクニック。これは円満な関係を保つため、あるいは仲直りをするために、必要なときだけ使ってほしい。

(3)　手っ取り早く仲直りができるよう、心理的な駆け引きを使うテクニック。これはどうしても必要なときに限り、本当に必要なことだけを実践してほしい。

どんな関係であれ、信頼、誠意、尊敬の念の三つを基礎として成り立っている。どの作戦を使うにしても、その前には常に最大級の善意があってしかるべきであり、明らかに関係者全員のためでなければならない。

さて、これだけいえばいいだろう。では本題に入ろう。

プロローグ

誰が相手でも、自分が必ず〝優位〟に立てる！

◆そもそもの始まりは、ちょっとした〝一言、行動〟から

道路で他のドライバーに割り込まれて、ムッとしたことはないだろうか。「少し黙っていろ」といわれて、不愉快になったことはないだろうか。また、誰かに拒否された、無視された、出し抜かれた、だまされた、というときは、どんな思いがしただろう。

当然、気分は悪いし、裏切られたと思うだろうし、腹も立つだろう。

しかし、問題は「なぜ」そうなるのかということだ。いうまでもなく、バカにされたから、失礼な扱いを受けたから、なのだが、しかし、なぜそんなことでいらだつのだろうか。ここにこそ、もっと大きな問題があるのがおわかりだろうか。失礼な扱いを受けると、なぜ傷つくのか。侮辱されると、なぜ気に障るのか。血が流れたわけでも、犠牲を強いられたわけでも、生活に支障が出たわけでもない。

しかし、気になる。場合によっては、ひどく気になったりする。そこで、どうして気になるのか、その謎を解き明かしてみよう。

◆まず、この「生活の副産物」を大事に育てること

幸せになりたい、人間関係をよくしたい、心のバランスをとりたい、というのであれば、まず自分自身に「好感」をもっている必要がある。これは文字どおり「自分自身を好き」

でなければいけないということだが、この自己愛を「自尊感情」という。

こういうと、それなら、自分自身を好きになるには自尊感情がたっぷりあればいいんですねと、ファミリーレストランでメニューにもない品を注文できるかのようにいう人が多い。本当にそうできるなら、こんなに簡単なことはない。

だが、自尊感情そのものを直接手に入れることはできない。自尊感情は日頃の生活の中から生まれる「副産物」だからである。これは「自尊心」を通してのみ得られるものなのだ。なぜなら、自尊心がなければ、自分自身を愛することもできないからだ。

◆自分自身に「完全に満足できる」のは〝このとき〟だけ！

私たちは一生の間に実にさまざまな選択をしている。「正しい」と信ずることを自ら選択して行動したとき、非常に満足を覚える。逆に、これは間違っているとか、悪いことだとわかっていながら選択したことについては、罪悪感を抱いたり、きまりが悪かったり、恥ずかしいと感じたりすることが多い。こうした感情は自尊心をずたずたにし、自尊感情を破壊してしまう。

では、不和や衝突を解決するのに、自尊心はどう関係するのだろうか。さあ、そろそろ核心に近づいてきた。というのも、あらゆる種類の対人トラブルのもとはこの自尊心にあるからだ。

さきほど、「正しいと信ずることを自ら選択して行動したとき」といったことに注目してほしい。ものごとを自分で決めるには、主体性がなくてはならない。つまり、正しいことをしろ、と人から「強制」されるのではなく、自分の自由意志を行使できなくてはならない。だから、自由を制限されると、自分で「選択」することもできなくなり、自尊感情が傷つくのである。

こうしてみると、主体感覚と自尊感情とは互いに絡み合っていることがわかる。そしてここに「重要なカギ」があるのである。あとで説明するが、この主体感覚を失ったときこそ、さまざまな葛藤の火花が散ることになる。と同時に、ここにこそ、こうした問題を簡単に解決する秘密が隠されているのである。

私たちが暮らしの中で決定を下すときは必ず、以下の三つのうちの一つ、あるいは複数の潜在的な動機づけがある。

・気持ちがよいから。
・それによって、自分がよく見えるから。
・よい行ないあるいは正しい行ないだから。

最初の二つの動機づけでは自尊感情がそがれてしまうが、三つ目の動機づけなら、自分自身にも自分という存在にも好感がもてる。

それが悪いことかもしれないとわかっていながら、単に「気持ちがよい」からと決定を下すときは、自制心が失われていることになる。つまり、あなたは「習慣」や「衝動」によって動かされていることになる。

たとえば、食べすぎたときなど、自己嫌悪に陥り、あとで気がとがめたり、腹立たしく思ったりするだろう。朝早く起きて出かけようと思っていたのに寝坊してしまい、自分に腹が立つこともあるだろう。このように自分の本心――この場合は、腹八分目にしておこうとか、早起きしようと思ったこと――に背く決定を下してしまうときは、事実上、自分の欲望の虜《とりこ》になっているのである。これでは自由もなければ、主体性もない。

では、悪いこととわかっていながら、それによって「自分がよく見える」から何かをしようと決めるときはどうか。この場合は、自分自身のためではなく、イメージだけで生きていることになる。こうした動機に駆り立てられているときも、自由はないし、主体性もない。自我に突き動かされているときは、好ましいイメージを投影しそうなことをする。

そして、カネ、権力、支配、虚栄など、世俗的なことで頭がいっぱいになっている。その場合の選択基準は「よいこと」ではなく、それによって「自分がよく見えること」なのである。一つのイメージを守るために生きているときは、自我を満足させるために人に依存することになる。よって、これも自由ではない。

自分自身に満足できるのは、正しいことをしようと決めたときだけ。気持ちがよいことや、よく見えることではダメなのである。自分の人生に自ら関わり、自尊心をもつことができるのは、「責任をもって決定を下せる」ときだけなのだ。

◆誰が「コントロール権」を握るかで〝反応〟にこれだけの大差！

そこで、複雑に絡み合う自尊感情、自我、主体性、自尊心の不思議な関係を取り上げてみることにしよう。

まず、正しい行ないは心の栄養になることがわかっている。いつも正しい行ないをしていると自尊心が育ち、今度は自尊感情が芽生えてくる。こんなぐあいに、自尊心は自制心ともつながっているのである。

人は誰かの行為によって、自分でコントロールする力や権限を奪われてしまうと、カッとなる。自尊感情が低い人は、日頃から、自分にはコントロールする力がないと思っている。だから、誰かがやってきて、ごくわずかしかない主体性や権限に加え、自分でコントロールしているという感覚まで取り上げようとすると、冗談じゃない、と思う。そして否定的な反応を示すようになる。

しかし、自分でコントロールしていると感じている場合は、自尊感情があるので、怒りをあらわにすることはない。これは、自尊感情が高ければ高いほど、不愉快なことがあっても腹が立たなくなるからだ。

さらに、「自尊心がないと、自分を心から愛せない」と前述したが、人から尊敬されていれば、それを「自己愛」に「転化」することで、自尊心をもてるようになる。だから、自尊心がない人は他者に愛情を求めるのである。

◆問題は「人からどう見られているか」より「自分はどう見るか」だ

一方、「自我」とは、世間からこう見られたいという自分の姿を投影したものだ。自尊感情が低い場合、「よい」という正のフィードバックが得られると、自分自身に好感をもつが、得られないと、自分という人間に対して好感をもてなくなる。

自尊感情も自我も「自尊心」しだいだが、自分自身にそれがない場合は、他者に要求するのである。

だから何であれ、人から失礼なことをされた場合、自尊感情が低いと、自己価値に疑問を感じてしまい、怒りに任せて暴言を吐くようになる。こういう人は非常に神経過敏で傷つきやすいのだが、それは、他者に好印象を与えられるかどうかによって自己評価がころころ変わってしまうためだ。

ここで理解してほしいことは、実際に傷つくのは私たちの自我、すなわち偽りの自分であることだ。つまり、自尊感情が高いほど、失礼なことをされても傷つかずにすむのである。

また、人が怒るのは、たとえば、自分の周りの環境や自分の世界観、自己イメージなど、生活の一面をコントロールできなくなったことで恐れや不安を感じるからである。怒りは恐れや不安に対する衝動的な反応である。そして、自分の権限を奪ったと思われるその張本人に直接怒りをぶつけることから衝突や不和、論争が起こるのである。

◇人から尊敬されたい人が陥る〝パラドックス〟

…………

自尊感情の低い人は、人から尊敬されようとして、自慢話をしたり、横柄な態度をとったりする。また、早とちりしたり、すぐに人の噂話や批評をしたり、相手を当惑させたりする。

しかし、人をこきおろす人や、絶えず周りから認めてもらおうとする人に敬意を払う人などいない。それどころか、見くびられるばかりで、そのためなおのこと自己嫌悪に陥るはめになる。なぜこうなってしまうのか。よく覚えておいてほしい。自尊心とは、自分でよいことだと自覚していることをしたときに得られるものであるということを。だから、他人の悪口をいう、人を非難するなど、心の奥底ではいけないことだとわかっていることをすると、ますます自分を嫌いになってしまうのである。

・・・・・・・・・・・・・・

◆〝主導権争い〟をめぐる、とんでもない錯覚

怒ると力を得たような気がするものだが、これは偽りの自信にすぎない。いつまでも腹を立てているのは、相手を許すか許さないかは自分しだいで、この人間関係は自分がコントロールしているような気分になれるからだ。

心が傷つくと、人は守りの姿勢に入るが、怒ると自我が高められ、失われていたアイデンティティーやコントロールする力が戻る。が、それは脆弱《ぜいじゃく》さに対する防衛機制が働いているだけで、錯覚にすぎないのである。そのため、真の満足感は得られないし、心が慰められることもない。

自分が必要としているものについて、そのほとんどを他者に依存していた時期が誰にでもあるだろう。そんなとき、普通は自分には力がないように思えるし、自分自身に対して

あまりいい感情をもてず、少々居心地の悪い感じがするものだ。

自尊心を育むうえで、自由は重要なポイントだ。いつも誰かに頼っていると、自分を好きになれない。

誰かに頼みごとをするとき、どんな気持ちになるか考えてみてほしい。落ち着かない、不安な思いがするのではないか。人が満足を得るには「主体感覚」が必要なのに、自分でコントロールする力を手放してしまうのだから、心の支えが急になくなってしまい、元気がどんどん失われる。

そこで、ことを丸く収めるには、どんな状況においても、まず相手の主体感覚を取り戻してあげることだ（これについては、もう少しあとで触れるので、どうぞご心配なく）。

自尊感情の低い人はなかなか他者を許すことができないし、不当な扱いを受けると「防御態勢」をとる。それは、自分を相手に差し出すのが怖いからだ。人に信頼を寄せる、敬意を払う、許しを与える、というのは、自己の感情的な部分を相手に惜しみなく分け与えることなのだ。

人に「与える」ことは自尊心が奪われた気がするため、自分に対するプラス感情が減り、自分自身とまだ残っている自尊心をさらに失うようで怖い。

そこで、心理作戦のもう一つの基本は、その人が再び自由に安心して「与える」ことができるよう、心の蓄えを「増強」してあげることなのだ。

◆トラブルが起こるまでの「心理の裏側」をたどってみると……

ここでは、日常の状況下でどのようにトラブルが生じるのか、その心理の裏側を見ていくことにしよう。トラブルが起こるには四つの因子があって、これらが論争、衝突、不和、不仲の火つけ役となる。

(1) まず、「誘因となる出来事」が起こる。要するに、何かがあるとか、ないとか、何かをいった、やったなど、望んでいたとおりにことが運ばないことが導火線となる。もっと簡単にいってしまうと、望みもしない予想外のことが起きる。

(2) それで手に負えなくなり、「コントロールを失う」。

(3) そうなると、自分でコントロールしているという感覚が奪われるため、依存的になり、ひいては「恐怖心」を抱くようになる。

(4) この恐怖心が「怒り」のもととなる。怒りは恐怖に対する反応にすぎない。怒りにはまた、嫉妬、罪悪感、羞恥心など、他の感情が隠されている場合も多い。

◇たとえどうにもならない〝痛み〟でも――

精神的な痛みだけでなく、肉体的な痛みが起こったときも、「怒り」は生じる。このため、何かのせいでケガをすると、すぐにカッとなったり、イライラしたりするのである。

たとえば、偏頭痛は自分ではどうにもならない痛みである。そこで、腹が立ったり、いらだちやすくなったりする。しかし、病院の待合室にいるときは、まるで「魔法」にかかったかのように気分がよくなることが多い。これもまさに同じ理由からで、もうすぐ痛みが消えるとわかっているからなのだ。

つまり、このようにすぐにでもコントロールができるようになるだろうと思うだけで、すっかり安心できるのである。

思わず試したくなる実例集

ここではトラブルを生むさまざまな状況とともに、一貫して同じような展開となる心理過程を見ていくことにしよう。

・子どもがいきなり道に飛び出してきた（誘因）↓　そのとき、起こり得ることについて自分では何もコントロールできない↓　ひやひやした↓　そして、子どもに怒る。

・暗闇でイスにつまずいた（誘因）↓　コントロールを失う。つまり、A地点からB地点まで、よろけることなく歩いていくつもりだったのに、途中でつまずいた、ということ↓ケガをしていたかもしれないと思うと、怖くなる↓　そして、腹が立つ（ここで面白いのは、自分に腹を立てる人もいれば、イスに当たり散らして蹴飛ばす人や、そこにイスを置いて「つまずかせた人」に腹を立てる人もいることだ。怒りの矛先がどこに／誰に／何に向くのかは、どうやって決まるのか、後ほど詳しく見ることにしよう）。

・夫（妻）が浮気をした（誘因）↓　夫婦関係はこうあるべきだと思っていたことと矛盾する。明らかに予想外であったため、二人の関係を自分でコントロールできなくなる↓今回の出来事、あるいは自分や二人の将来を思うと怖くなる↓　その結果、いらだってくる。

・道路で誰かに行く手をさえぎられた（誘因）↓　事故を避けるため、とっさに進路を変えるか、急ブレーキをかけざるを得ず、そのときの状況を自分ではコントロールできなかった↓　そのとき「起こったかもしれないこと」を考えると、怖くなる↓　その結果、相手に腹が立つ。

・子どもが暖かいジャケットを着たがらない（誘因）↓　そんな状況を自分ではコントロールできないと感じる↓　子どもから尊敬されていない、あるいは何かしなさいといっても、これからはもう聞いてもらえないかもしれないと思うと不安になる↓　いうことを聞かない子どもに頭にくる。

・人から「黙れ」といわれたり、ののしられたりした（誘因）↓　その相手にもよるが、こうした失礼なことをされると、自己肯定感が薄れる↓　精神状態にもよるが、相手から好かれていない、尊敬されていないと思うと不安になり、自己価値や自己イメージに疑問を抱くようになる↓　相手から、自分が望んでいるような扱いや、つきあいをしてもらえないことで腹が立つ。

「怖いことランキング」の筆頭に〝公の場でスピーチをすること〟が挙がりやすい理由がここにある。なんと、死ぬことよりもランクが上なのだ！

というのも、自分の話をどのくらい理解してもらえるのか、スピーチする側にはコントロールできないうえ、自分がどう思われているかもわからないから怖いのである。一対一であれば、相手の反応がすぐにわかるので、その場の状況をコントロールしているように思えて、ずっと楽に話ができる。聞き手の数が増えれば増えるほど、どう見られているのか、よくわからなくなってくる。フィードバックがあればどうすればいいかがわかりやすくなるし、よりコントロールしている気になれるものだ。

◆18の心理メカニズム——あなたと相手にこんな“力学”が働いている

ここではあらゆるトラブルの背後にある心理的なメカニズムについて徹底的に検討していこう。以下の18のポイントでは、実際にどのような力が働いているのか、わかりやすく説明していきたい。

(1)　あらゆる対人トラブルは主に二つの要素から成り立っている。それは尊敬の念とコントロールする力である。問題が何であれ、敬意が欠けていることと、自分では状況をコントロールできないという思いが重要な誘因となるのである。

(2)　そこで問題は、なぜそんなことが気になるのか、ということだ。人間にとって、尊敬の念やコントロールする力がどうしてそんなに重要なのだろうか。その答えは……

(3)　自分という存在に満足するには、自分自身を好きにならなければならない。こうした自己への愛情を自尊感情という。

(4)　自尊心はこの自尊感情への入り口となる。日常生活において、安易なことや自分がよく「見える」ことばかりに流されずに、正しいことをきちんと選択して行動したとき、自尊心が芽生える。逆に、そうした選択ができなかった場合は、自分自身をあまり好きになれなくなる。だから、自分という人間に満足するためにも、「自尊心」をもって自分の下した決定を大事にする必要があるのだ。

(5) 正しい選択ができないとしたら、それはセルフ・コントロールがきちんとできていないからだ。肉体的な衝動に負けるか、自我に突き動かされているかである。肉体的な衝動に負けると、つい食べすぎてしまったり、寝過ごしたりする。また、人をバカにしたジョークをいったり、手が届きそうにない高級車を買おうとしたりするのは、自我がそうさせているのである。

(6) そして、こんなとき、どんなことが起こるかというと、自分に腹が立つのである。セルフ・コントロールが利かないとき、つまり自制心が働かないときは、自尊心が失われている。だから、自分に怒る。他者から失礼な扱いを受けたときや状況を自分でコントロールできないとき、他者に向かって腹を立てるのと同じことだ。しかも、尊敬してもらいたい、認めてもらいたいという欲求が強いほど、いらだちやすくなるのである。では、これらのことと、トラブル、衝突、不和、不仲とはどう関係するのだろうか。

(7) とある状況において、どのくらい相手に対して頭にきているか、そのイライラ度を測るバロメーターは、自分自身や自分の生活をどの程度コントロールできていると感じているか、ということにある。要するに、(a)人からどのくらい尊敬されたいか、その尊敬の度合いと、(b)何が何でも自分でコントロールしたい、支配したいという欲求の度合いは、自尊心があるかどうかによって決まるのである。

(8)　誰でも時には肉体や自我の強い衝動に負けてしまうことがある。しかし、どれだけの頻度で負けたか、つまり全体的に見て、衝動を抑えられたときと、衝動に負けたときの割合が、外的トラブルへの反応を左右する重要なカギとなるのである。自分自身に「屈服」し、その結果、「本当」に欲していたものが手に入らないと、世間とはもっとやさしくあるべきだ、といいだすようになる。それを具体的にいうと……

(9)　自分でコントロールができない状態に不安を感じ、これ以上、主体性を失わないように、否定的な反応を示すようになる。このようにコントロールができないときに失礼な扱いを受けたと感じると、反応が否定的になるのは、自我を通して見ることで、外界が突如として唯一の心のよりどころ、あるいは心の栄養源となるためだ。

(10)　自分のことを自分でコントロールできるようになればなるほど、自尊心も自尊感情も高くなる。逆に、自分でコントロールできなくなるほど、自尊心も自尊感情も低くなる。自分に負けると、それだけ自分自身に不満を感じるようになり、かなり否定的な反応を示すようになる。

⑾　人が何かを選択するには、自分でコントロールしているという感覚が必要である。このため、コントロールができない状態になると、怒りという形で反応するのである。失礼な扱いを受けたうえに、その状況を自分でコントロールできないときも、否定的な反応を示すようになる。これは、自己肯定感を得るには、人から尊敬される必要があるからだ。尊敬されれば、それが転化して自己価値を実感できるようになり、これが自尊心→自尊感情→自己愛に発展していく。こうして自分のことが好きになればなるほど、他人からどう思われようが、気にならなくなるのである。つまり、自尊感情が低い人ほど、人から尊敬される必要があるというわけだ。

⑿　したがって、セルフ・コントロールすなわち自制心が自尊心につながることがわかる。逆に、自分でコントロールができないと、自尊心は失われてしまう。が、自分という存在に肯定感を抱くのに必要な、尊敬の念とコントロールする力を心の糧として得られるかどうかは、他人の肩にかかっているのである。

⒀　コントロールする力や尊敬を失うような状況に遭遇すると、心理的欲求が満たされていないため、人は不安や恐怖心を抱くようになる。この不安や恐怖心に対する反応が怒りで、この怒りが衝突の火種となるのである。

⒁　こうしたことは誰の日常にも当てはまることだ。ものごとがうまくいっていて気分がいいときは、ちょっとやそっとで腹を立てたりしないが、「ついていない日」には、ちょっとしたことでもカッとなったりするものだ。

⒂　そこで、こうした心理をすべてまとめ、衝突を解決する策を練るのにどう利用できるか見ていくことにしよう。相手の心に直接パイプラインを引いて「燃料を補給」し、相手を満足させることができれば、衝突などもっと素早く簡単に解決できる。何年も何か月も何週間も何日もかかりはしない。たったの数分ですむ。

⒃　本書で紹介する作戦は、怒りを自己愛に転化するのに心が必要とする「燃料」を相手に与えていこうというものだ。相手に幸福感を取り戻させ、しかも、あなた自身がその「幸福の種」となるような状況をつくり出す。そうすれば、あなたやその場の状況に対する相手の見方が変わり、しっかりと仲直りができるようになるだろう。

⒄　主体感覚、コントロールする力、尊敬の念など、心を元気にさせるものを、いろいろな手法を用いて相手に吹き込むと、それが滋養となって自尊心や自己愛に転化する。

これまで見てきたとおり、自尊感情が高い人ほど、進んで和解しようとする心構えがあるものだ。こうした人は、いつまでもふくれていたり、自分でコントロールしようと躍起になったりする必要がない。譲歩するだけの度量があるからだ。相手を許し、自分が折れ、仲直りをするだけの強さと主体性があるのである。

(18) 自分でコントロールしているという感覚と主体性が戻れば、不安や恐怖心もなくなり、怒りも和らいでくる。すると、コントロールしたいという欲求もなくなり、ことによっては、自分に逆らうような行動でも許せるようになる。いったん感情が静まると、気まぐれな問題も理性をもって速やかに処理できるし、すっかり行き詰まってしまった論争や対立、衝突、不和、不仲でさえ解決できる。そこで、コントロールしているという感覚を回復させてあげれば、あっという間に一件落着となる。

◇大事なことは日を改めたほうがいい場合――

……………………

別に意外でも何でもないが、感情的なものであれ、金銭的、肉体的なものであれ、ストレスがたまっていると、それだけトラブルが生じやすいことがわかっている。というのも、自分ではコントロールできない、と感じることがストレスにつながるからだ。ストレスが沸点に達すると、普通は我慢ができなくなり、神経が擦り切れて、暴言を吐きやすくなる。ストレスが相当にたまっているときは、その場の状況や会話には気をつけ、大切な予定がある場合は日を改めたほうがいいだろう。

1章

どんなに面倒な相手、状況でも……

この「60秒心理戦術」で、思いどおりの結果に！

1 こうすれば、あなたの「評価・好感度」は大幅アップ！

飛行機を「着地」させる方法は二つある。着陸させるか、墜落させるかだ。いずれも地面に着くことに違いはないが、そのやり方が問題なのはいうまでもない。

衝突が起きそうなときも、アプローチの仕方によっては、深刻な確執や食い違いを生じさせないですむケースがかなりあるはずだ。

早めに手を打って適切に処理しておけば、トラブルが生じる前に、その芽を摘んでおくことができる。

ここでのあなたの目的は、相手にバカなまねをさせないことかもしれないし、そうでないかもしれない。その人と一緒に仕事をしなくてはいけないとか、家庭円満でありたいとか、理由はいろいろあるだろうが、衝突を避けたいというのがあなたの望みなはずだ。いずれの場合も、この作戦を使えば、問題が生じる前に回避することができるだろう。

ここでよくある経験則を紹介しよう。もし、相手がこれといった理由もなしに、あなたのことを嫌っているのだとしたら、それはあなたのことが嫌いなのではなく、自分自身のことをあまりよく思っていないのだ。

あなたに対して敬意を払わず、すぐに大声を上げるような傲慢かつ無礼で不愉快なやつには自尊心がないのだ。そんなときは、相手の自己評価を変えることで、ライオンを子羊に変身させることができる。それは、一、二、三と数えるのと同じくらいたやすい。

相手が自分自身のことをあまり気に入っていないときは、自己愛や自尊感情が欠けているのである。そして、こんなときは、プロローグで述べたとおり、歪んだレンズを通して、自分の世界を見ている。相手があなたに対して無礼なことをしたり、つらく当たったりするときは必ず、以下のいずれかの動機が潜んでいるものだ。どの動機も、やはり自我が関与しており、自分の価値が低下していると感じていることを表わしている。

・相手はあなたから嫌われていると思い込んでいる。あなたは意識していないだろうが、相手の話をきちんと聞いてあげていないのではないか。でなければ、あなたの言動を相手が誤解しているのかもしれない。自尊感情の低い人は、自分が嫌われていると決めつけてしまいがちだ。自分自身のことをあまり気に入っていないため、無意識のうちに、他人も同じように感じているに違いないと思ってしまうのである。

・相手は自我が壊れやすく、ねたみや嫉妬に駆られているので、あなたのことを脅威に感じている。欲しいと思っているのに手に入らないものがあって、それをあなたが思い出させてしまうのかもしれない。こうした不足感とバランスをとるために、あなたにマイナスの特性を植えつけ、その結果、あなたを嫌いになるのである。

たとえば、金持ち、ハンサム、成功者、と三拍子揃ったあなたに嫉妬している場合、傲慢、短気といった性質を見つけ出し、ふくらませ、それを理由に嫌うようになる。

・相手はあなたの中に嫌いな自分と同じ性質を見出している。だから、無意識のうちにあなたのことも嫌いになるのである。あなたを見ていると、嫌いな自分自身のことを思い出してしまうからだ。

この他にさらに三つの動機が考えられる。ここで使用するテクニックは、これらの動機にも有効である。

(1) あなたが偏見をもっていれば、当然、相手から嫌われることになる。

(2) 相手があなたを助けたいと思っているのに、できない場合、その無力感が罪悪感に変わることがある。その罪悪感が高じると、あなたを嫌うようになる。助けられないことから欲求不満がたまり、その不満をあなたにぶつけるのである。

(3) 誰かに恋愛感情を抱いていて、そうした自分の気持ちをどう処理したらいいのかわからないことがある。そんなとき、好きだという自分の気持ちを相手に気づかれないよう、わざとその人につらく当たってしまったりする。というのも、知られてしまうと、相手に頭が上がらなくなり、心理的に不利になるからだ。これではまるで高校生に戻ったような感じだが、世の中には成長しきれない人間がいるものなのだ。

今すぐできる最強の心理作戦

自分のことを好きでいてくれるばかりか、尊敬してくれている人を嫌いになるのは、とてつもなく難しいことだ。これまでに、特に好きでもない相手からやたらとほめられたり、あなたの意見に敬意を払っているからと、アドバイスを求められたりしたことはないだろうか。そんなときは、突然、相手に対する評価の見直しを迫られ、以前よりもいい印象をもたざるを得なくなる。

こうしたことを「好意の互恵（返報）性」という。人は、誰かからほめられたり、尊敬されたり、好かれたりしていることがわかると、その人に対しても同じ感情を抱く傾向があるのである。

①魔法の効き目！ 〝第三者〟の力を借りよう

自分に対する相手の見方を変えるには、相手のことをどれほど心から好きか、尊敬しているかを、共通の友人など第三者に話しておくのが有効だ。

これがひとたび相手の耳に届けば、たちまち相手はあなたの味方となるだろう。その速さときたら、ただただ驚くばかりだ。同僚、上司や部下、近所の人や兄弟姉妹、誰であれ、自分のことを認めてもらいたいという欲求がある。だから、相手に好意を抱いているという純粋な気持ちを第三者に伝えておけば、あとは魔法の効き目を待つだけだ。

でも、なぜ本人に直接いってはいけないのだろうか。なぜ第三者を使ってまで、こんな陰謀めいたことをしなければいけないのか、とあなたは思っているかもしれない。

それは、本人に直接いうと、口先だけだと思われたり、「取り入ろうとしている」と誤解される恐れがあるからだ。しかし、第三者から聞かされれば、疑ってかかる人はまずいないだろう。

②意外！「してもらう」より「してあげる」ほうが好き

次に、やさしい言葉をかけてから、「手を貸してほしい」といった頼みごとをする。相手のために何かしてあげると、好きになってもらえると思うものだが、実際は、相手に何かをしてもらったときのほうが本当に好きになってもらえる。

これにはいくつかの理由がある。

(1) 誰かのために時間を割いたり、エネルギーを費やしたりしたときは、その人に対して、より親近感がわき、愛情を感じるようになる。

(2) 誰かに何かを与えて、それを受け入れてもらえたとき、つまり、何かしてあげることができたときは、自分にそれだけ好感がもてる。与えるという行為によって、自分でコントロールしているという感覚や主体感覚をさらに強化できるからだ。

(3) 誰かのために何かをすると、「認知的不協和」という心理現象が生じることがある。こんなとき、半ば無意識ではあるが、私たちはこう結論を下す。その人に対して、いい印象をもたなければいけない。でなければ、自分は好きでもない人のために、せっせと尽くしていることになる。ならば、その人には投資するだけの価値があることにしよう、というわけだ。

③ 自分の話をするときに気をつけたい「三つのポイント」

対人トラブルについては、興味深い実験結果が出ている。人は誰かに好かれようとするとき、往々にして「自己高揚行動」と呼ばれる行動を起こす。これは、相手に好きになってもらえるように、自分がいかに素晴らしいかを、その人に話したり、示したりすることだ。

しかし、実験により、自分が脅威に感じている相手に対しては、「自己卑下行動」すなわち謙遜するのが一番いいことが明らかになっている。これなら、自分に関する話をするとき、実物よりもよく見せることにならずにすみ、謙虚で、誠実で、信頼できる、という印象を与えることができる。そうすれば、どんな対人トラブルもうまく解決できるようになるだろう。

思わず試したくなる実例集

現在もめている相手に対して好意や尊敬の念を心から抱いていることを「共通の関係者」を介して伝える。そのあと、相手に頼みごとをする。こうすれば、メッセージがうまく伝わったかどうかもわかる。というのも、うまく伝わっていれば、あなたの依頼にこたえて相手が援助を申し出てくれるからだ。

A「ミーティングのとき、ジムが広告主と商談をまとめているのを見て、すごく感心したわ。彼、私にも何かいい売り込み情報をくれないかしら」

Ｂ「スージーがあの問題について自説を曲げなかったのは、すごく尊敬したよ。どうしたらもっとはっきりとものがいえるようになるのか、ぜひ彼女と話をしてみたいものだ」

Ｃ「先生は、ものごとをてきぱきと片づけることにかけては、本当に頼りになる。他の先生方に時間管理の仕方について話をしていただけるといいのだが」

Ｄ「彼女、いつも家をきれいにしているのよね。あれなら、インテリア雑誌に載ってもおかしくないわ。私にも部屋の模様替えについて何かアドバイスしてくれないかしら」

その後……、もめている相手と話をするときは、互いに共通する話題を取り上げるようにし、相手の話に真剣に耳を傾け、質問を交えたりしよう。それからさらに、折を見て、ちょっと赤面するような打ち明け話をする。たとえば――

「先日、近所の人とばったり会ったものだから、その人を友人に紹介しようと思ったのに、名前を度忘れしてしまって」とか、「先日、レコード店で、うっかりポケットの中にＣＤを入れたまま店を出そうになって、思いっきり恥かいちゃいましたよ」とか。

ここがポイント!

もし誰かがこれといった理由もなしに、あなたのことを嫌っているのだとしたら、それは、相手があなたから嫌われていると思い込んでいるか、あなたのことをいくらか脅威に感じているか、あなたを見ると、嫌いな自分自身の性格を思い出してしまうからかだ。

こうした問題を解決するには、ほめる、何かしてもらう、謙遜するなどして、相手が自分自身に「好感」をもてるようにする。すると、強力な心理法則が働いて、相手のあなたに対する評価がアップする。これは、無意識のうちに不協和を軽減しようとするためだ。つまり、「あなたのおかげ」で自分自身に好感がもてるようになった、だから、あなたはいい人に違いない、というわけだ。

2 ちょっと厄介な人の意見も〝波風立てず〟に――

アドバイスを受け入れなかったといって、烈火のごとく怒る人がいるのはなぜだろう、と不思議に思ったことはないだろうか。アドバイスとは単なる提案にすぎず、したがって、当然のことながら「提供」されるだけのものだ。

それなのに、こちらが「なるほど」と納得してやらないと、相手が気分をひどく害してしまうことがある。特にその人が極度に神経質な場合はそうだ。そんなときはもう、「これまで聞いた中で一番いいアイデアですね」というしかない。が、これだけいえば十分だろう。

というのも、当人は、却下あるいは拒否されたのは自分の「アドバイス」ではなく、「自分自身」だと感じているからだ。

そこで、そのアドバイスがどんなにバカバカしいものであっても、以下の作戦を使って、いい関係を保つようにしよう。

今すぐできる最強の心理作戦

①たとえひどいアドバイスでも、この一言を！

提案をしてくれた人にお礼をいい、それについて考慮してみると伝える。たとえ、ひどいアイデアだと思っても、「考えてみます」ということで、相手の気持ちを大切にする（それに、実際のところ、相手のいうことが結果的に正解だったりして、驚かされることがないとも限らない）。

②賛成理由を「二つ」、賛成できない理由を「一つ」あげる

それから一日か二日後ぐらいに、相手のいうことが正しい理由を「二つ」、その考え方に納得のいかない理由を「一つ」あげる。相手は頼まれたわけでもないのに、あなたのためを思ってアドバイスしてくれているのだから、そのことを忘れてはならない。

相手は役に立てたと思えれば気分がいいが、あまり信用されていないと感じると、気に病むだろう。この段階では、拒絶されたという思いを相手から「完全」に消し去ることだ。

③ 〝考えるきっかけ〟をありがとう！

アイデアを「もうひとひねり」してみたことを伝える。相手から最初に提案をもらっていたおかげで考えるきっかけができ、この新しいアイデアがひらめいたことにする。これなら、相手もその意思決定過程の一端を担ったような気になり、自分のオリジナルのアイデアが採用されなくても、気を悪くすることはない。

④ 相手を思いきり立てる、こんな相談事

この作戦を徹底させるためにも、さらに他のことについて相手の意見を聞く。それは今回の一件に関連があることでも、ないことでもかまわない。ただし、なるべく相手の答えしだいで、簡単にできることを選ぶ。そうすれば、あなたが相手を尊敬していることや、あなたが特に賛成できなかったのは、このときのアイデア一つだけだったことが相手の心にしっかりと刻まれることになる。

思わず試したくなる実例集

秘書が上司に対して待合室の模様替えをしたらいいのではないかと提案する。

秘書「ロビーを改装して、もっとモダンな感じにしたら、当社のイメージもずっとよくなると思うのですが」

しかし、上司はヨーロッパ調の古風な魅力が気に入っていて、改装するつもりは毛頭ない。

上司「確かに面白いアイデアだな。ちょっと考えさせてくれ」

このような場合、上司が考慮するといったことで、秘書もその気になり、引き続き自分のアイデアを売り込もうとするだろう。

（翌日）

上司「君のいったことを考えてみたんだが、もっとモダンにしたほうが受けがいい場合もあるだろうし、見た目が変わるのもなかなかいいかもしれないが、今のままでもまんざら捨てたもんじゃないと思うんだ」

（その直後に）

上司「でも、君が提案してくれたおかげで、いろいろ考えてみたんだよ。このあたりを少し変えて、ドア・プレートをもうちょっとクラシックな感じにしたらどうだろうか。このへんをもっとよくしようという君の提案にはとても感謝している。話してくれなかったら、ドア・プレートのことは思いつきもしなかったよ。またいろいろ考えてくれたまえ。

あっ、そうそう、他のことで君の意見を聞きたいことがあったんだ。壁紙を替えるというのはどうだろうか」

上司は秘書からの提案を考慮し、秘書自身についても、そのアイデアについても高く評価していることを示している。もし上司が秘書の提案を即座に却下していたら、彼女がどんな反応を示したか、考えてみてほしい。相手がくよくよしやすい人であるときには、このテクニックがうんと効力を発揮してくれるだろう。特に怒りを買って、状況がさらに悪化しそうな場合には助かるはずだ。

◇「あなただけではない」のだから

箸にも棒にもかからないような提案をされてしまったが、だからといって、受け入れられる見込みがほとんどないような印象は与えたくない、というときは、こういおう。

「ここ何週間かで同じことをいってきたのは、君で三人目だ。話は聞くが、検討するのは難しそうだぞ」

「他の人」も同じ提案をした、ということを聞けば、自分のアイデアが拒絶されたという印象が驚くほど薄まる。厳密にいえば、それはもう「その人独自」のアイデアではないからだ。つまり、他の人も同じことをいったのだから、その人たちも同様に受け入れられなかったことになるわけだ。

・・・・

ここがポイント！

相手があなたから無視されたとか、拒絶されたかのように感じてさえいなければ、その人のアドバイスを受け流すことは可能である。人が気分を害するのは、アドバイスではなく、自分自身が相手にされなかったと感じるからだ。

そこで、相手の案について賛成理由を二つ、自分のやり方でしたほうがいいと考える理由を一つあげる。それから、相手のおかげで、「その状況」について広く考えるきっかけができ、別のもっといいアイデアにつながったことを感謝する。そのあとで、今度は他のことについて相手の意見を求める。すると、あなたが相手に対して敬意を抱いていることが伝わり、同意しなかったのはこのときのアイデア一つだけだ、ということが相手にもわかってもらえる。

3 〝不平屋〟を一発で黙らせるうまい方法

人がささいなことでぶつぶつ文句をいうときは、本当は「私はもっと偉いのに、こんな扱いを受けるなんてひどい」と思っているのである。だが、無意識に「たぶん、私の価値はこの程度なんだ」という思いがあって、自己価値に疑問を感じるようになっているため、やたらにイライラしてしまうのである。

もちろん、もっともな不平の種があるのかもしれないが、いずれにせよ、以下の作戦を使えば、相手がどんなにいらだっていても、うまく静めることができるだろう。

今すぐできる最強の心理作戦

こんなときは、実際の問題よりも、相手の自我に注意を向ける必要がある。特に、その「問題」が取るに足らなかったり、バランスを欠いていたりしたら、なおさらそうだ。

①ネタがつきるまで、徹底的に吐き出させよう

相手の話に耳を傾ける。賛成か反対かをいってはいけないし、議論してもいけない。たとえその人に責任の一端があったとしても、「あなたに落ち度があるのだ」というようなことは当分いわないでおく。相手の気がまだ動転しているときに、「すみません」以外のことをいうと、相手はさらに身構えて理屈をこねてくる。これではまるで、今心臓発作を起こして苦しんでいる人に、健康的な食事の取り方や規則正しく運動する方法を説明するようなものだ。

だから、まず目の前のトラブルを解決してから、そこまでに至ったいろいろな問題に取り組むこと。守りの姿勢に入ってはいけない。そんなことをすると、言い争いになってしまう。相手は何かを打ち明けて胸のつかえを下ろしたいだけかもしれない。それなら、しゃべらせておけばいい。あるいは、ケンカの種を探している場合もある。そんなときも、黙って話を聞いてあげれば、そのうち話すことも尽きるだろう。

②「言い換え」には予想以上の効果が!

相手の不平不満をわかりやすく言い換えてみる。これで、あなたが話をきちんと聞いて理解していることが相手に伝わる。それから共感を示す。ただ、「それは前代未聞だ」な

どと、驚いたふうなことをいってはいけない。なぜなら、「どうして自分だけがこんなバカを見るんだ」と思わせてしまうからだ。

③ 頼みごとを聞いてもらえませんか？

相手に何かしてくれるように頼むと、相手の話を真剣に受けとめていることの表われとなる。これには面白い効果がある。相手の問題を自分の問題として考えていますよ、というメッセージを伝えることになるのだ。

④「思いがけない贈り物」を用意する

これは相手の気持ちを静める特効薬となる。この「茶番劇」の埋め合わせに、相手のために何か特別なことをするつもりであることを伝える。ただし、それが何であるかは話してはいけない――相手をびっくりさせたいのだから。

これで、あっという間に相手は落ち着きを取り戻す。その理由は三つ。第一に、誰でも「思いがけない贈り物」をもらうのは好きだ。怒りが消え、ちょっぴりわくわくした気分になれる。第二に、これについては不満をいって、言い争うわけにはいかない。なぜなら、その「贈り物」が何かわからないからだ。第三に、それが本当に素晴らしいものであるなら、あなたに向かって怒りをぶつけすぎて、それをもらい損ねるようなまねはしたくないからだ。こうして相手の気持ちがいったん静まれば、あなたも状況判断がうまくできるようになり、適切な対処法を見つけられるだろう。

思わず試したくなる実例集

あなたはホテルの支配人。緊急のファックスが入っていたのに、そのことを翌日になって初めて知らされたという泊まり客に応対しているところ。場所はホテルのフロント。当然のことだが、まず客の言い分を黙って真剣に聞く。それから、相手のいったことを簡単に言い換えて確認する。

「そうしますと、スミス様宛てのファックスを私どもはフロントに丸一日置いたままにしていた、ということですね。それは本当に申し訳ございませんでした。このような事態を引き起こしまして、誠にお恥ずかしい限りでございます。今後は、私の責任におきまして、快適なご滞在をお約束させていただきますので、何かございましたら、何なりとお申しつけくださいませ。それから、お客様に一つお願いしたいことがございますが、よろしいでしょうか。当ホテルの副社長がことのしだいをお客様から直接おうかがいしたいと申しておるのですが、副社長に詳しくお話し願えませんでしょうか」

（話もそろそろ終わる頃）

「それから、おわびのしるしといっては何ですが、特別にサービスをさせていただきたいと存じます。内容につきましては、お客様にびっくりしていただきたいものですから、ここで申し上げるのは控えさせていただきたいと存じますが、必ずやお喜びいただけるものと存じます」

ここで何が起こったのか見てみよう。スミス氏は、ファックスが届いていたのに、誰もが無関心で知らせてもくれなかったと腹を立てていた。しかし、今や「ＶＩＰ待遇」で、ホテルの副社長が話したいと申し出ている。これで、ホテル側が彼の話に真剣に耳を傾けてくれたことがわかった。それこそ彼が望んでいたことだったのである。彼は今頃きっとこう思っているに違いない。これはすごい！　たかだかファックスぐらいのことで、こんなに大ごとになるなんて……。

ここがポイント！

人が何かささいなことで文句をいうのは、自己感覚と主体感覚を失っているからだ。自分の話を聞いてもらいたいのである。自分だって尊敬されるべきだ、無視しないでくれ、と自我が要求しているのである。

ならば、敬意を表し、存在を認めてあげればいい。どんな場合でも、自尊心を満たしてあげれば、怒りは静まり、たいていは、それで一件落着となる。

これといった理由もなしに不平不満をいったり、批判したりするときは、その場の環境や状況はほとんど関係がない。その人自身、とりわけ本人の自我が深く関係しているのである。

4 「場の空気」を鋭く読み、的確にアドバイスするには

みんながいる場所で、誰かがアドバイスを求めてきた。しかし、「本音」を口にしたら、ひともんちゃく起きそうだ、というときがある。

たとえば、仕立ておろしのオーダーメードのスーツについてどう思うかと尋ねられたとする。こんなとき、実は、相手はあなたに意見を求めているわけではない。ほめてもらいたいか、センスがいいことを認めてもらいたいのである。本当に意見を求めるのであれば、あなたにどれがいいか聞けるよう、生地の見本をもってくるのではないだろうか。

今すぐできる最強の心理作戦

そこで、どうするか。事後のこと、つまり、今さらどうにもならないことについて意見を求められたら、「賛辞」を贈ること。これこそ、相手が本当に求めているものだからだ。

しかし、ミスを避けるためとか、正しい行動をとるために、といった理由でアドバイス

を求められたときは、率直な意見をいう義務がある。とはいえ、求められているのが賛辞かアドバイスかも考えずに、思ったとおりに答えるのは非常識というものだ。

相手に不快感を与えたり、恥をかかせたりしたくないときは、バカ正直に答えないのが正解。いくら本当のこととはいえ、今となってはもはやどうにもできないことについて、ありのままに反対意見をいったら、相手は憤慨して気分を害するだけだ。だから、アドバイスをしても相手のためにならないような場合には、善人ぶってバカ正直に話さないこと。

思わず試したくなる実例集

ほめたほうがいいとき

Q「どう?　うちの娘のピアノ」

A「うん、なかなかうまいよ」

Q「テラスに置く家具を新しく買ったんだけど、どう思う?」

A「なかなかいいね」

Q「家内がつくったんだけど、料理、うまいかな？」
A「最高だね」

本当のことをいったほうがいいとき

Q「娘の名前、スパーキーにしようかと思ってるんだけど、どう思う？」
A「あんまりいいとは思えないね」
Q「この慈善団体、いいことしてると思わない？　寄付しようかと思ってるんだけど」
A「いろいろ事情があるみたいだから、ちゃんと調べたほうがいいんじゃないの」
Q「フォードの中古のこのクルマが二万六千ドルで売りに出てるんだ。目をつけてるんだけど、手頃な値段だと思わない？」
A「そうは思わないけど。僕なら見送るね」

上記のシナリオはごく常識的な範囲のものだが、大切なのは、「正直が最善の策」とは限らない、ということを肝に銘じておくことだ。適宜ふさわしい行動をとるようにしよう。

ここがポイント！

アドバイスをすることで、相手があらゆる被害（肉体的、精神的、経済的な損害など）を免れるなら、真実を語ること。

しかし、すでに事後のことで、今さらどうにもならないことならば、正直は最善の策ではない。その代わり、ほめ言葉や、やさしい言葉をかけてあげよう。なぜなら、相手が本当に望んでいるのは、そうした言葉なのだから。

5 バカバカしい批判や中傷は、こうやってやり過ごす！

誰かから中傷された、くだらない批判をされた、しょうもないことで突っ込まれた、といったときは、どうしよう。そのうえ、わざと親切ぶって恩着せがましくされたりすると、もういいかげんにしてくれとは思うが、相手以上に不快な感じにならないように丁重に片づけたい。たとえば、夫の母からこんなことをいわれたとしよう。

「ねえ、ちょっと、うちの息子はちゃんとした食事を食べたがってるんだけど。お料理教室にでも行ったら、あなたもちょっとはましになるんじゃないの？」

こんなことをいうのは、たぶん、あなたをわざと怒らせるつもりか、でなければ、いくらか本音が混じっているのかもしれないが、こんなときはどうするか。

今すぐできる最強の心理作戦

解決法はいたって簡単。鋭い指摘をもらったことに感謝してから、それが的外れなものかどうか検討してみる。場合によっては、いわれたことと、それをいった相手とを区別して考えるのが難しいこともあるが、分けてみると、結構いいアドバイスだったりする。

とはいえ、本能的に守りの姿勢に入り、相手と口論になってしまいがちだ。だから、どんなにバカバカしいことをいわれても、それが利己的なものであっても、相手にお礼をいおう。

そのアドバイスが人を落ち込ませるようなものであるなら、それは、相手のほうが傷心状態にあって、自分自身が満足するために、あなたにこういうことをいっているのだ、ということを頭に入れておいてほしい。

だから、相手の立場に立って共感を示し、さらりと受け流してしまおう。言い争う理由など何もないのだから。相手を六歳の子どもだと思って話しかければいい。人を非難することで気分がよくなるようなら、心が痛んでいる証拠である。その痛みがこうした批判の形となっているのだ。だから、あなたがカッとなったり、イライラをぶつけたりすることは、あなたにケンカを吹っかけたがっている九十歳のお年寄りの向こうずねを蹴飛ばすのと同じことだ。

まず、どう転んでも、あなたに勝ち目はない。それに、そんなことをして、どうなるというのか。守勢に回ってもいけない。相手に巻き込まれてもいけない。ただ――

（1）その場ですぐに誠意を込めて「ありがとう」という。
（2）なぜ、どうして、そんなに有能なのか、相手に聞く。ただし、くれぐれも嫌味にならないように！

人を執拗にけなしている人には、情緒不安定になっているものとして対応する必要があるが、この作戦なら、そう時間をかけずに相手の批判をほとんどやめさせることができるだろう。

思わず試したくなる実例集

批判「おいリッチ、あの会議のとき、おまえどうかしてたんじゃないのか」
返答「えっ？　じゃあ、あとでもう一度よく振り返ってみるよ。僕のことまで気をつけてくれるなんて、君はすごいね。君だったらどんな行動をとっていた？」

批判「ねえデニース、その服、あなたが着ても、あんまりパッとしないわね」

返答「あら、ご忠告ありがとう。友達はいっぱいいても、みんな私が気を悪くすると思って、そんなこといってくれないのよね。あなたは貴重な存在だわ。どこで、そんなファッション・センスを身につけたの？」

批判「あなた、確か減量しようとしていたんじゃないの？ そんなもの食べていいわけ？」

返答「あっ、そうだった。私がダイエットしてたの覚えていてくれて、ありがとう。あなたは自制心がすごくありそうね。どうしたらそうなれるのか、秘訣を教えてよ」

もうおわかりだと思うが、相手があなたに失礼なことをいうのは、尊敬されたいからだ。話を聞いてもらって、自己満足を得たいのである。否定的なつまらない批判をすることで、その欲求を満たしているのだ。人をへこますのが自己肯定感を得る一番の近道だが、それは錯覚にすぎない。そこで、相手に感謝し、アドバイスを求めることで、相手の心を満たしてあげれば、「攻撃」はやむ。

ただし、当然のことながら、批判のすべてがこうした傷心状態の人からのものばかりとは限らない。それを頭に入れておくこと。それに、批判の仕方に思いやりがないからといって、その人に本当に思いやりがないとは限らない。あなたのことを思っていても、精神的に不安定なため、やさしく批評することができず、不当なとげとげしい攻撃のように聞こえてしまうのかもしれない。

ここがポイント！

バカバカしい批判に対しては、話をそらして、相手の自我を満たしてあげるのが一番。そのためには、まず相手に感謝する。そして、最高の結果を得るための最良の方法について、相手の意見やアドバイスを求める。

6 相手の気分を害さずに〝意見を通す〟法

批判するには方法が二つあり、やり方しだいで天と地ほどの差が出る。誰にでも経験があると思うが、心を開いて批判を受け入れられるときもあれば、ちょっとしたことをいわれただけでも、穴があったら入りたい気分になったり、極度に身構えて、へ理屈をこねたりするときがある。

自我が非常に重要なのは、私たちの中で唯一傷つくところだからだ。他者からこう見られたいというイメージを投影したうわべの自分、すなわち自我だけはどうしても傷つきやすいのである。したがって、この自我に直接触れないようにする。つまり、相手の問題を相手ではなく、「あなた」のことにしてしまえば、相手の心を傷つける心配もなくなる。

今すぐできる最強の心理作戦

これは相手の状況認識をがらりと変えてしまう、驚くほど効果の高いテクニックの一つだ。この作戦なら、批判されても、相手は一切、自分のこととして受けとめず、そのため気分を害することもまったくない。それどころか、自分自身にもその場の状況にも気をよくすることが多い。批判するときの一番の方法は、「批判しない」ことだ。その代わりに、ほめる！　これでも、あなたの目的はちゃんと達成できるのだから。

① この〝お膳立て〟が肝心！

まず、何でもいいから、改めてほしいと思っている相手の在り方や行動などについて「心底気に入っている／楽しい／高く評価している」と相手に告げる。料理の味つけ、セックスの体位、レポートの準備の仕方など、何であれ、「素晴らしい」と心から思っていることを伝える。

② 〝気分屋〟なのは私のほうです

それから、しばらく時をおいて、「気が変わった」から、違ったやり方をしてほしい、別のやり方を試してほしい、と相手にいう。

気が変わった理由としては、たとえば、最近ある記事を読んで新情報を得たので、なんだか新しいことをしてみたくなったことにする。これなら、責任はあなたにある。相手は何らいけないことをしているわけではないので、傷つくこともない。むしろ、気が変わった「あなた」のほうに問題があるのだから。

すると、相手は――よって、相手の自我も――その問題を自分の問題とはせずに、完全に切り離して考えるようになる。こうして、相手ではなく、あなたの問題にしてしまえば、相手が気を悪くすることはまずないだろう。

思わず試したくなる実例集

〈A〉夫が妻のために朝食をつくってくれるのだが、妻はその味つけが気に入らない。オムレツにいつも香辛料をかけすぎるのだ。だが、そんなことをいうと、夫を傷つけてしまいそうだ。

妻「ねえダーリン、あなたのつくってくれたオムレツって本当においしいわね。もう完璧よ」

夫「ありがとう!」

(しばらくしてから、たとえば、一日か二日おいて、夫が朝食を準備する前に)

妻「ねえ、何かで読んだんだけど、香辛料って関節炎にあまりよくないらしいの。このところ、また調子悪いのよね。もし挑戦してくれるなら、そうね、香辛料なしで、いつもみたいにおいしくつくれるかしら。同じ味にはならないと思うけど、そのほうが関節炎にいいなら、我慢するわ」

（食後）

妻「すごい！　無理だと思っていたのに、前よりもおいしいわよ。香辛料が入ってないのに」

さて、ここで妻が最初からいきなり、味つけを変えたらどうか、と夫にいっていたら、たぶん夫は気分を害していただろう。しかし、妻がまず、料理をほめて夫に自信をもたせている。それに、味つけの変更は「妻」の都合であって、「夫」には無関係であるため、夫が腹を立てることはまずないだろう。

〈B〉ベテランの受付嬢がクライアントに対してちょっと愛嬌がなさすぎるので、もう少しやさしく親切にできないものかと、ある役員は思っている。しかし、彼女は傷つきやすいタイプなので、面と向かって批判するわけにはいかない。

役員「前々からいおうと思っていたんだが、君はクライアントの間でも応対がいいと評判でね。おほめの言葉をちょうだいしているんだよ」
受付嬢「それは、ありがとうございます」
(その日の午後)
役員「ところで、もうすぐベックス社から何人か来る予定なんだが、かなり気さくな連中なんで、ちょっとおしゃべりでもしてやってくれないかな。すごく喜ぶと思うんだ」
受付嬢「かしこまりました」
(その日の夕方、ベックス社の人たちが帰ったあとで)
役員「君を有頂天にさせるつもりはないんだが、ベックス社の連中が君と話せてすごく楽しかったといっていた。すっかり打ちとけられたそうだ。君は人好きのするタイプだし、どうだ、もっと他のクライアントとも世間話などしてみては」

◇糸口が欲しければ、〝問題提供者〟となる

批判したいことがある。それも、あなたの趣味の問題ではなく、むしろ誰もが不愉快に思っていることだ。というわけで、取り上げたい話題があるのだが、ちょっとやっかいな場合はどうするか。子どもに我慢ならないことから口臭に関することまで、できれば、「あなた自身」のこととして問題の件について相手にアドバイスを求める。

それが無理なら、友人や親類のこととして相談する。

たとえば、「ちょっと個人的なことで相談したいんだけど。どうしたら、私に○○できると思う？／○○について、うまくできるかな？／○○をやめられるかしら？」といってみる。これで、話の糸口がつかめる。それに相手は一例として必ず自分自身のことも取り上げるだろう。何しろ、あなたに「アドバイスを与える側」なのだから。

そうしたら、しめたもの。例の件について相手と話せばいい。たとえば、友人にかなり重症のおしゃべりがいる場合、その人にはこういうと、うまくいく。

「ねえ、私って、しゃべりすぎかな？　少しは控えめにしようと努力はしてるんだけど。何かいいアドバイスない？」

こんなアプローチなら、相手を身構えさせなくてすむ。なぜなら、自己弁護をする必要もないうえ、あなたの力になってあげるだけでいいのだから。しかし、あなたにとっては、これでやっと「相手の問題行動とその理由」について話す機会を得たことになる。

ここがポイント！

人の気分を害さずに、かなり手厳しい批判をするには、それをその人の問題としてではなく、自分の問題として話す。そのためには、まず相手の「そのやり方」に感心していることを告げ、そのあとで、「気が変わった」からといって、相手に違うやり方を試してほしいと伝える。

これを相手の問題にしてしまうと、仮にそうでなくとも、個人的なこととして受けとめられてしまう。でも、自分の責任にしてしまえば、相手を傷つけることも、ムッとさせることもないだろう。

7　どうにも手に負えない相手には、この「三十秒テクニック」

見た目には悪気のないやり方で間接的に相手に損害を与えたり、迷惑をかけたりして「仕返し」をする人がいる。こういう人は受動攻撃性人格である。

たとえば、妻は夫が自分に対して相応の敬意を払ってくれないと感じているが、夫に面と向かってはいえない。こんなときは、半ば無意識的に汚い格好をしたり、料理を焦がしたりして、恨みを晴らそうとしてしまう。

一般に、相手との間に何らかの不一致が起きた場合の反応には、(1)逃げる、(2)受け入れる、(3)屈する、(4)戦う、の四つがある。

受動攻撃性人格とは普通、衝突を避けるために「逃げる」タイプとされる。相手や状況と正面から対決できないため、とりあえず譲歩して、別の機会に別の方法で「報復」する。遅刻したり、相手にとって重要な何かをすることを忘れてしまったり、いろいろと迷惑をかけたりするのである。

二番目に考えられる反応は、「受け入れる」こと。状況や関係者の現状をしっかりと把握しているため、責任をもってプラス思考で対応する。どんな状況においても、腹を立てたり、感情的になったりすることはなく、適切で公正な行動をとる。これが最も健全な反応といえるのは、状況をありのままにとらえ、自制が働き、自我に支配されていないからだ。

三番目に考えられる反応は、「屈する」こと。簡単にあきらめて降参してしまうのである。こういう人はしばしば共依存関係に陥り、人の言いなりになる傾向がある。自分には自己弁護するだけの価値がないと感じているか、自分自身の計画や欲求や願望に従うことはできないと思っているか、そのいずれかである。

四番目の反応は「戦う」こと。つまり、相手と直接衝突することになる。かなり感情的になって激高し、最後まで戦い抜こうとする。

今すぐできる最強の心理作戦

受動攻撃性行動に対処する方法は二つ。問題の「真相究明」まではしたくないとき、あるいは相手が心を開いて協力的になるとは思えないときは、①の対処法に従ってほしい。このアプローチは純粋な心理戦術なので、ことを大きくせずに問題を解決できる。

① こんな〝二者択一〟を迫ってみる

相手が無意識のうちにあなたを困らせようとしたのではなく、もっと情緒的な動機から困らせようとしているのではないか、と相手にいう。こういう相手は自己のイメージ・ダウンに悩んでいるため（そもそもこれが行動の動機なのだが）、イメージが悪くなることが二つあれば、必ずまだましなほうを選ぶだろう。

② あえて正面から〝突破〟してみる

さらに掘り下げて真相を究明したいときや、究明したほうがお互いの関係にプラスになるときは、②に従ってほしい。

ここでは相手と真っ向から対峙する。相手は受動攻撃性人格、つまり衝突から逃げるタイプなので、あとでまた、ちょっとした話し合いになるかもしれないが、カギは、相手が自分にないと感じているものを与えること。

たとえば、うんと褒めて、相手の存在に敬意を払う（効果的にコミュニケーションをとる方法については、8と9を参照のこと）。さらに、相手の悩みごとなど、何でも話せる機会をつくってあげる。

こうしてワンツーパンチをかましておけば、近い将来、心のこもった意義ある会話がじっくりとできるようになるだろう。

思わず試したくなる実例集

サラの同僚ジェーンはいつもファイルの置き場所を間違えてばかりいる。

サラ「ねえジェーン、いっておきたいことがあるんだけど、友達としてあなたのことが心配なのよ。だから、あることについて話がしたいの。都合の悪いことではないと思うの。話してしまったら、あなたも気分がすっきりすると思うわ」

ジェーン「いったい何の話？」

サラ「ちょっと気づいたことがあるんだけど。なぜいつもファイルの置き場所を間違えてばかりいるの？」

（以下から、好きなものを選ぶ）

「あなた、失読症なんじゃないの」

「ファイリングのイロハがのみこめていないとか」

「仕事のストレスがたまりすぎて、集中力がなくなってるのかしら」

「家庭で問題を抱えているのでは」

ジェーン「あなたの考え方はおかしいわ。誰だってミスぐらいするわよ」

サラ「ごめん。気を悪くしたみたいね。もう忘れてちょうだい。問題がなければいいの」

ジェーン（無理に笑顔をつくって）「気なんか悪くしてないわよ。大丈夫」

ここでサラが成し遂げたことを見てみよう。まず、ジェーンのミスに自分が気づいていることを伝えている。一方、ジェーンにとって、サラの指摘が正しかったと思われないようにするには――ジェーンの自我がそうしたことは許さない――指摘されたミスをしないようにするしかない。こうして初めて「自分には何も落ち度はない」ということをサラに証明できることになる。

つまり、自分は大丈夫、何も問題はない、ということをジェーンが証明する唯一の方法は、ファイルの整理を間違いなくすることなのだ。

ここがポイント！

手に負えない相手を扱うのに、一生をかける必要はない。わずか三十秒あればすむことだ。簡単なテクニックを使って、相手の無意識的な動機よりもはるかに悪い別の動機を提示するだけで、ほとんど無意識に相手は問題行動をしなくなる。

というのも、自分の言い分のほうが正しく、あなたからの指摘は誤りだ、ということを証明するには、そうするしかないからだ。

8 いつでも「自分は絶対悪くない」と言い張る人

何かまずいことが起こると、悪いのは絶対にその人ではなく、いつもこちらのせいになる。よくある話だ。もし、相手がこんな人だったら、細心の注意が必要である。相手が悪いなどと思ってはいけない。効き目抜群のこの作戦によって、議論を避け、こんなことが二度と起こらないようにしてしまおう。

こうした衝突は大ゲンカに発展する可能性が高いが、言葉を誤らなければ、ことはあっという間に片づくはずである。なぜ相手が怒るのか。それは、その人の行動の裏に意図的なものがあろうがなかろうが、本人の下した結論に関係している。

こうしたことは何度でも起こり得るが、相手が悪いことをするはずもない人なら、問題はすぐに解決する。しかし、相手が正しいことをしそうにない人間なら、口論にならざるを得ないだろう。

そこでまず、こちらを「悪いことをするはずもない人間」に分類してもらうようにする。それにはどうするか。これは思ったよりも簡単で、「事後」に仕掛ければいい。自分のせいではない、あるいは誰のせいでもない――換言すれば、不可抗力なこと――とわかっているときは、「明らかに白」であることをすぐに相手に示す。これだけでいい。

悪いことをするはずもない人が相手なら、こんなぐあいに敬意を表してくれるだろう。「どんな行き違いがあったにせよ、故意によるものではないのは確かだ。だって、どうしてそんなことをする?」というわけだ。

しかし、問題は、こちらをまともに扱ってくれない人間の場合だ。こうした人間の行動の中核には低い自尊感情があって、何かことが起こるたびに、どういうわけか、誰かにつけこまれているに違いないと思ってしまうのである。

たとえば、あなたが待ち合わせに遅れているとき、相手はこう考えているかもしれない。時間どおりに来ないのは、自分のことをどうでもいいと思っているか、尊敬していないからだ。

自尊感情が高ければ、こうしたことをすぐに自分への当てつけとは思わず、むしろ相手側に何らかの問題があったのだと考えることが多い。でなければ、相手にはそれなりのコンプレックスがあって、無意識のうちに自分だって偉いのだと思いたいがために人を待たせる必要があるのだろう、と解釈する。

簡単にいうとこうなる。(a)相手の行動を自分に対する敬意がないせいだとは考えない。

(b)仮に敬意がないせいだと決めつけたにしても、それで腹を立てることはない。なぜなら、自尊心をもつためにわざわざ人に尊敬してもらう「必要」がないからだ。

◇相手がどんなやつだか見ないと気がすまない

ところで、道路で誰かの車に行く手をさえぎられたとき、運転しているのはどんなやつだか見たくなるのも、同じ理由からだ。その行動自体には、いろいろな解釈が考えられるが、仮に相手がこちらをバカにして故意にそのようなことをするようなやつに「見える」と、よりムカつくものだ。これはもう、たまたまではなく、わざとやったと思えるからだ。

しかし、相手がかわいいおばあちゃんだったりすると、それほど腹も立たない。きっと不注意からだろうと思うため、こちらもそれほど個人的な問題として受けとめたりはしない。

また、相手の顔が見たいのは、こんな運転をするのは「きっとこんなやつ」という固定観念に合っているかどうか確かめてみたいからだ。自分は「もの知り」で予想がちゃんと当たっていたとなれば、自分でコントロールできているという感覚がぐんとアップするのである。

• •

自尊感情が低いと、知らず知らずのうちに、「自分はあまり大切にされていない／好かれていない／尊敬されていないから、不当なことをされるのだ」と考えてしまうことが多いが、もっと自分自身のことを受け入れるようにすれば、それだけ他人のことも受け入れられるようになるものだ。

私たちは自己イメージを通してフィルターをかけた世界を見ている。このため、自己イメージが歪んでいると、対人関係も歪んでしまうのである。

自尊感情が低いと、自分のことだけで頭がいっぱいになってしまうのは、世界が自分中心に回っているような気がして、自分の欲求や要望についてばかり考えているからだ。

覚えておこう。本書の冒頭でもいったことだが、自尊心が自尊感情の土台となる。自尊心のない人は、他人のことも尊敬できない。

なぜなら、それは他者に敬意を「払う」ということだからだ。自尊心がない場合、他者に「与える」ものなどあるだろうか。それに、互いに尊敬し合っているという認識もないため、相手の行動を「作為的」とみなしてしまうのである。

今すぐできる最強の心理作戦

「君のせいで順番を間違えたじゃないか」「なんでそんなもの注文するのよ。私がフライ食べられないの知っているくせに」「どうしてまだファイルの整理が終わってないの。徹夜までしたんでしょ」――こんなことをもう耳にタコができるほど聞かされたというあなた。次を読んでみてほしい。

解決法はいたって簡単。だが、その前にいっておこう。あなたを侮辱する権利は誰にもない。もし自分が誰かの「心のサンドバッグ」にされていると感じているなら、形勢を一変させよう。人はあなたから教え込まれたとおりのことをあなたにもする、ということを心得ておくことだ。もし、相手が道理をわきまえていないようなら、その行動は受け入れがたいものであることをきちんと相手に伝えるようにしよう。

とはいえ、上司、配偶者、義理の親など、ちょっと頭が上がらなくて扱いが難しい相手に対しては、こんなことはいえないかもしれない。そんなときは、互いの力関係に焦点を当ててみよう。

解決策としては、相手が「混乱していない」ときに、望んでいることをかなえてあげる。

そうしておくと、ある状況において意見が食い違っても、「心の蓄え」をすでに増やしてあげているため、相手は遠慮して暴言を吐いたりしなくなる。怒りの矛先は、あなたの代わりに、別のターゲットに向けられるだろう。

なぜなら、この作戦では、あなたは相手の「心の栄養源」となっているからだ。したがって、心にエサをくれる「飼い主の手を噛む」ようなまねはできないのである。

① 引き出し可能な「心の蓄え」を増やしてあげる

攻撃は最大の防御なり。というわけで、必要なときに引き出せるよう、相手の「心の蓄え」を増やしておく。その簡単な方法をここにあげておこう。お互いのやりとりや会話については――

・**7**のテクニックを用いて、必要なときのみ批判をする。
・相手がミスをしたときは、こきおろさないで、支えとなる。
・話をするときは、相手の気持ちを考えて、礼儀正しく。
・相手に心から敬意を表し、賛辞を贈る。
・けっして相手をけなしたり、失礼なことをしたりしてはいけない。特に人前ではしないこと。

読むぶんには簡単だが、いざ実行するとなると大変かもしれない。が、これで対人関係をがらりと変えることができるだろう。

②相手の〝イメージ・チェンジ〟を計画しよう

自己概念の心理については、11でさらに詳しく説明するつもりなので、ここでは特にやるべきことだけ見ていくことにしよう。まず、暴言を吐いたり、自分の問題をあなたのせいにしたりしない人間として「一貫性」のある自己イメージをもつように仕向ける。

これには、簡単な言葉をうまく組み合わせて使う。たとえば、のんびり屋という自己イメージをつくらせるには、「このへんでとんでもない騒ぎが起こったときも、あなたってすごく落ち着いていたわよね。尊敬しちゃうわ」とか、「私と気長につきあってくれて本当に感謝しているのよ」とかいう。

すると、強力な「内的一貫性の心理法則」が働く。相手の自我を巻き込むようにすると、相手に一貫性を求めようとする意識が生まれるため、前述したような言葉やそれに類似した言葉をかけることで、相手をあなたのつくったイメージに「とことん従わざるを得ないような気分」にさせてしまうのである。

人には本来、自分自身が抱いている自己イメージと、他者からこう見られていると思う自己イメージが矛盾しない行動をとりたい欲求がある。非常に単純なようだが、このテクニックを使えば人の自己概念など簡単につくりかえられることが、数多くの実験結果により明らかとなっているのである。自尊感情の低い人というのは、実にいろいろなことをやるが、自分という人間の存在と自己イメージを放棄することだけはしないのである。

③ あなたへの〝投資家〟になってもらう

アドバイスや意見を求めれば、相手はあなたのために自分自身を投じることになる。つまり、あなたのために自分の意見を述べ、時間を割き、注意を払うことになるのである。一般に、人が何かに投資するときは、それまで以上に関心をもって、その対象に接する。投資対象を守り、傷をつけないようにする。それが船であれ、会社であれ、人であれ、その心理は同じである。

そこで、あなたが相手の最大のサポーター、絶大なファンになれば、相手は自分自身に陶酔するのと同じくらい、あなたに陶酔するようになる。あいにく、相手には自分で自分を高く評価している「以上」に、あなたから評価されているように見えるからだ（さらに役立つテクニックについては、*9*を参照のこと）。

思わず試したくなる実例集

あるレストランのマネジャーはいつもささいなことでウエイターを怒鳴る。

（店内が閑散としているとき。何気ないおしゃべりの中で）

ウエイター「僕、マネジャーのこと、とても尊敬してるんですよ。ご存じでした？　どんなに忙しいときでも、いつも穏やかで冷静でいられるなんて、本当に驚きですよ」

マネジャー「いや、時々キレたりしているさ」

ウエイター「まあ、それは誰でもそうでしょうから。マネジャーの場合は、普通の人よりもずっと自制がきいているって感じですよ」

これでもう、マネジャーはウエイターの目を通して自分自身を見ることになる。今後はウエイターを怒鳴りつけそうになっても、半ば無意識に口をつぐむだろう。というのも、「自制がきく人」という自己イメージをぶち壊したくないからだ。

さらに、ウエイターは別の機会にマネジャーにアドバイスを求める。

「マネジャーって、すごく如才ない方ですよね。ちょっと個人的なことなんですが、アドバイスをいただけると、ありがたいのですが。ずっと、ガールフレンドのことで悩んでいるんです」

マネジャーは熱心にアドバイスしてくれるだろう。と同時に、ウエイターに対して感情面で投資をすることになる。どんなタイプの投資であれ、投資対象に関わる出来事は気にかかるものだ。だから、投資する人間は誰もそれを悪用したり、害したりはしない。マネジャーはもう二度とウエイターに大声を上げることはないだろう。

ここがポイント!

どんなに怒りっぽい人でも、次の三つのことをすれば、冷静になる。(1)相互に尊敬できる関係を築く。(2)これまでとは違う自分をイメージできるように、相手の自己概念に変更を加える。こうすると、相手の行動も変わる。(3)あなたに対して感情面で投資をさせる。

9 すぐに〝キレる〟相手とそれなりにつきあうには

すぐにキレる人や情緒不安定な人とつきあうときは、彼らがみな心の平安を切望している、ということを知っておくとよいだろう。彼らは思考が混沌としていて、自分自身や自分の生活を自分でコントロールしているという感覚をもつのが難しい。強迫観念にとりつかれていたり、絶えず心配事を抱えていたりで、いつもイライラしていて、地に足が着いていない感じなのである。

そこで、ここでは、こうした人たちに精神的な安定感と主体感覚を吹き込むテクニックを使う。そうすれば、相手を癒せるとまではいわないが、可能な限り最高にいい関係をエンジョイできるようになるだろう。

今すぐできる最強の心理作戦

こうした人たちは一般に、ストレスによって精神的な動揺がさらにひどくなるため、ストレスのないライフスタイルを望んでいる。問題は、ストレスがないようにと、活動を控えているせいで、かえってストレスを増大させていることだ。世の中から離れれば離れるほど、現実からも遠ざかることになる。意思決定をするにも情報が減って世事に疎くなったと感じるようになると、ますます情緒不安定になる。頭が固くなり、ものの見方も白か黒かになってしまう。

いうまでもなく、どうアプローチし、どうつきあっていくかは、相手の精神状態やあなたとの関係しだいである。できるだけベストな関係を築くために、さまざまな状況の変化に対応した強力な心理作戦をいくつか用意してみた。

① こんな〝特別扱い〟をしてあげる

ここでは、無力感を抱いている相手の心を支えてあげよう。それには、ごく簡単なことをいくつかするだけでいい。

・相手と一緒にいるのが楽しくてたまらないといった様子を示す。二人で話しているのが退屈であるかのような印象を与えてしまうと、相手の自尊感情がしだいに失われ、二人の関係にひびが入ってしまう。

・相手の意見を評価し、相手が時間を割いてくれたことに感謝する。二人で話をするときは、全身全霊で会話に集中する。相手の意見に賛成であろうがなかろうが、きちんと感謝の意を表わす。

・相手が何を望んでいるか、快適かどうか、気を配る。のどが渇いているようなら、水をグラスについでくる、といったちょっとしたことでも、相手は自分自身や二人の関係に満足するものだ。

② “信頼していること”をはっきりと示す

心の平衡を失っている人は、往々にして自分のことや自分の判断が信じられなくなることがある。そこで、信頼していることを示せば、相手は自分にも価値があることを実感し、自信を取り戻す。

・アドバイスや意見を求めたり、大事なことについて相談したりする。これで「与える」チャンスを与えることになり、相手も自分に自信がもてるようになる。

・プロジェクトや宿題を手伝ってもらう。相手に助けを求めることで、誰かや何かの「ためになる」チャンスを与える。情緒不安定だと、しばしば自己陶酔に陥り、ナルシシスト的な行動をとるようになる。そこで、他のものに目を向けさせて、自分自身のことや自分の問題にばかりとらわれすぎないように仕向ければ、もっと健全なものの見方ができるようになるはずだ。

◆二大トラブルを解決するための「最低限の方法」

(1) 批判を処理する……こうした人たちは、時にかなりのあら探し屋になることがある。これがあなたとの間に軋轢《あつれき》を生じさせる原因となるかもしれない（批判や不必要なアドバイスを手っ取り早く片づけるテクニックについては**2**、**5**、**8**を参照のこと）。

(2) 境界を設ける……相手を「放し飼い状態」にさせるのは得策ではない。あなたが「暴言のサンドバッグ」にされないように、一定の約束事や適当な制限範囲を設けておくことが大事だ。事前連絡もせずにいきなり家に来る、プライベートなことをあれこれ聞くなどといったことのないよう、一定の決まりごとを徐々につくっておく必要がある（その最善の方法については**6**を、その他の役に立つテクニックについては**8**を参照のこと）。

思わず試したくなる実例集

ジルには苦手な叔母がいる。顔を合わせると、決まってジルはいらだち、不愉快になる。というのも、叔母はいつもズケズケとものをいい、こちらが嫌がるような質問をしてくるからだ。

（叔母に会ったら、まず心からうれしそうにする。そして、話をするときは、注意を集中し、叔母の気持ちに配慮する）

ジル「ねえ、おばさん、ちょっとお願いがあるんですけど、いいかしら。子ども部屋の模様替えをしようと思っているんですけど、おばさん、こういうの得意でしょ。来週までに模様替えを終わらせて、私と一緒に家具を見ていただけるかしら」

（ジルから意見を求められた叔母は、当然喜び、まんざらでもない様子。ジルは叔母に手伝ってもらったあとで、こう続けた）

ジル「おかげさまで、とても助かりました。ところで、またお願いごとがあるんですけど、いいかしら。二、三週間後に、ジョンの上司を呼んでパーティーをする予定なんですけど、献立を考えていただく時間はおありですか。叔母さんなら腕が確かだから、お任せしたいんですけど」

あなたや誰かのために何かをするチャンスを与えれば、相手を喜ばせることができる。アドバイスを求めるとか、何か手伝ってもらうようにするのもいいだろう。

それには、ことが思いどおりに運ばなくても、この世の終わりにならないようなものを頼むこと。すると、いくらもたたないうちに、相手のあなたへの態度ががらりと変わったことに気づくだろう。

ここがポイント！

情緒不安定な人との関係を改善するには、(1)自分は重要なんだ、きちんと評価されているんだ、と相手に思わせるようにする、(2)信頼していることを示す、(3)責任や自由を与える。

2章

どんな意見の食い違いも……

戦わずに、しかも確実に自分の希望を通す！

10 我慢できない「相手の悪癖」をきっぱりやめさせる

誰かに何かをしてもらいたい、あるいはやめてもらいたいのに、相手が全然いうことを聞いてくれない。こちらの言い分をわかってくれないどころか、話もろくすっぽ聞いていない、そもそも話を聞く気がない。

そんな相手の協力をすぐにでも得たいのなら、(a)互いに尊敬し合う関係を築く、(b)行動に影響を与える特別なテクニックを使うことだ。

今すぐできる最強の心理作戦

以下にあげる三つのステップは、包括的な心理戦略の一環として「コア・テクニック」となるものである。重複を避けるため、テクニックの説明は本章で行なう。あとは必要に応じて、この心理作戦を参照していただきたい。

① お互いに尊敬し合う関係を築く「三ステップ」

尊敬の念を確立して下地をつくっておくのが、この戦略の重要なカギとなる。尊敬する気持ちがないと、協力する気も起きない。そこで、互いに尊敬できる関係を築くのに、非常に効果的な方法を三つ紹介しよう。

(1) 意見を聞く

目下の問題とは無関係な事柄についてアドバイスや意見を求める。自分にアドバイスを求めてくる人は最も賢明な人に思える。それに、あなたにアドバイスをするということは、あなたに対して感情面で投資をすることになるため、あなたを喜ばせるためなら、さらに努力してくれるだろう。

(2) 相手を尊敬し、高く評価していることを第三者に話す

料理、仕事、修理など、何でもいいから、相手のしたことや、そのやり方にどれほど感心しているかを第三者に伝える。ある人から自分がよく思われているのがわかると、意識していようといまいと、その人に対する印象も変わるものだ。

そのうえ、実験結果や日常の経験からもわかるとおり、自分に敬意を抱いてくれている

人に対しては、こちらも敬意を抱きやすいのである。逆に、相手から尊敬されていないと感じると、相手への見方が変わり、印象も悪くなる。それは、無意識のうちに、「この人はいい人ではない、敬意に値しない人だ」と結論づけているからだ。

さもなければ、「こんな立派な人が自分には敬意を示してくれない。ということは、自分に何か落ち度があるに違いない」ということになってしまう。それよりも、相手への見方を変えてしまったほうがずっと気が楽だからである。

(3) お礼のしるしにちょっとした贈り物をする

自分のしたことを許してもらうために、相手に贈り物をしたり、何か喜ばれることをしたりするのは、最上の方法とは限らない。というのも、「仕方なくてそうしている」と思われるからだ。「あれをやってしまったために、これをしている」というのでは、あなたのほうに義務感があるように見える。しかし、相手に何かしてもらったことに対して、「謝意」を表わすために何かするのであれば、それは本当に敬意のしるしとなる。

ここで、三つのステップを実践するのはこのためだ。ただし、相手の行動の動機が、あなたから十分に尊敬されていないと感じているせいではないことを確かめる必要がある。実際、相手があなたの態度に憤慨して、あなたが嫌がるような態度をとるのであれば、単に自己主張したいからである。互いに尊敬し合えるようになれば、問題の要因となるこうした障害を取り除くことができ、あなたの有利になるよう、うまくことを運べるだろう。

②まずは自分がやってみせる──社会的証明の法則

誰かに何かをしてもらいたいときは、できれば模範を示す（ところで、忠告を受け入れろと、人には怒鳴って命令するくせに、自分自身は人の忠告を受け入れない人間がいるが、これほど頭にくるものはない）。

ここでは、「社会的証明の法則」という心理法則を利用する。ある状況下において、どう行動するのがふさわしいのか手がかりを得たいとき、人は他者を参考にする、というのである。

実験によれば、相手に依頼したいことを相手の前でしてみせるか、それと同じことを似たような状況下で他者がしている話を聞かせるかすると、相手は無意識のうちに同じことをしたいと思うようになる、という結果が出ているのである。

③相手のやる気をそがない「上手なほめ方」

望みどおりのことを相手がしてくれたときは、プラス効果のある言葉をかける、好反応を示す、激励する、感謝するなどして、さらに勇気づける。ただし、口頭でお礼をいったり、ほめたりする以外の方法で相手の行動に報いてはいけない。

実験によると、自分の行動に対して金銭などの報酬による外的正当化がなされると、その同じ行動をもう一度したいという欲求が薄れるという。これは、この手の報酬が動機づけとなると、内的欲求が失《う》せてしまうからである。

したがって、よい行ないをしようとする子どものやる気をそぐ一番の近道は、ほめること以外の褒美をやることだ。お金を払うということは相手の鼻を明かすことにもなる。というのも、お金を受け取ってしまうと、善行をしたのは善意からだ、とはもういえなくなってしまうからだ。

カルト集団が一部で非常に影響力をもっているのは、外的正当化を可能とする有形のものをけっしてつくらないからだ。そこで、入団したばかりの信者は、次のように自分の考えを修正して自らの行動を合理化する必要があるのである。

「自分はこの教義を心底信じているに違いない。でなければ、なぜこんなことをしているのか、他に理由がないではないか。スポーツカーが手に入るわけではないし、頭を丸めたからといって、カッコよく見えるわけでもない！」

④負の連想を引き起こす

このテクニックはロシアの科学者イワン・パブロフのおかげで生まれた。簡単に説明しておこう。パブロフは自分が部屋に入ると、実験対象となっていた犬がよだれをたらすようになったことに気づいた。「パブロフの姿→エサ」という「連想」が働いたからだが、これを「条件反射」という。

たとえば、アルコールの匂いを嗅いだだけで吐き気がするのは、何年か前に「悪酔い」したことがあるからかもしれない。ラジオからある曲が流れてきたとたん、ここ何年も思い出したこともなかった友人の顔が浮かんできた、ということもあるだろう。これらはみな、あなたの中にしっかりと刻み込まれているのである。つまり、特定の感覚や感情と特定の刺激（イメージ、音、名称、味）とが結びつき、連想を生じさせているのである。

自分の行動から不愉快な刺激を連想するようになると、それまでは愉快だったことにも無意識のうちに否定的な感情を抱くようになる。そこで次のようなやり方をする。相手があなたの嫌がることをしているときに、相手のしていることと負の連想とをしっかりと結びつけて相手に刻み込ませる。

たとえば、相手の行動によって、あなたが傷ついていることを相手に気づかせる。あるいは、相手が同じ行動に出たときに失望していることを告げる。相手はやがて、その行動をとると負の連想が働くようになるだろう（その他の役立つテクニックについては**11**を参照のこと）。

◇相手の注意を喚起する「別にかまわないのですが」

ちょっとした「依頼」をするだけでも、相手が気分を害しそうなとき、どうしたら相手に「注意を喚起」できるだろうか。

それには、「別にかまわないのですが」というひと言を添えるのが一番。

たとえば、デリカテッセンにいるとしよう。店員は素手でお金を扱い、床を拭き、今まさにその手で、あなたのオーダーしたサンドイッチをつくろうとしている。手袋をはめてほしいとお願いするぐらいのことなら失礼にはならないだろうが、それでも心配という場合は、「あのう、嫌なら別に手袋をはめてくださらなくても結構ですが」とだけいう。こういえば、相手は気づいて、はめてくれるだろう。

客室乗務員が「座りなさい」という代わりに、「ご着席いただけますか」と依頼形を使うのも、これと同じ理由による。依頼であれば、こちらも身構えたりしない。座るかどうかの責任はこちらに委ねられているからだ。といっても、みんなが座ることになるだろうが。しかし、「座れ」というときは相手側に管理義務がある。こうしたちょっとした言葉の違いが、要求をどう受けとめるかに大きく影響するのである。

思わず試したくなる実例集

ベスは義理の母ルイーズがあれこれと人の噂話をするのをやめさせたい。

ベス「お母さまがいつもつくるツナのキャセロールはもう天下一品。今週、友だちを呼んで夕食会をするので、どうすればおいしくつくれるか教えてもらえますか」

ルイーズは喜んでOKした。

夕食会の折、ベスは義理の母からつくり方を教わったことや母がすごく料理上手であることを家族や友人たちに話した。その後、お礼のしるしにちょっとしたギフトを購入。

ベス「お母さまにとってはたいしたことではないんでしょうけど、おかげさまで私の料理、ほめてもらえたんです。だから、すごくうれしくて。これ、お店で見つけたんですけど、気に入っていただけるかしら。ほんのお礼ですから」

ベスは模範を示すために、あえて噂話は控え、やや白々しくはあるものの、ルイーズに対して正の強化を行なった。さらに、翌日あたりに、

ベス「お母さま、○○の話を私にするおつもりだったんでしょ。でも、私がそうした噂

話は嫌いなものだから、おやめになったんですよね。本当にありがとうございます」

ルイーズは、○○の話をするつもりなどまったくなかったとしても、正のフィードバックが返ってきている（ありがとう、といわれている）ため、今後は噂話を控えるようになるだろう。もしうっかりしてしまったときは、ベスが負の連想を与えて、口を慎むようにさせればいい。

ベス「ご存じでしょうか、そうした噂話を聞かされると、私がどれほど傷つくか、そして私たちの関係にもかなりのひびが入ってしまうことを。お母さまはとても賢い方なのですから、噂話ではなく、もっと違うことを考えるのに頭を使ったほうがよろしいのではないかと思いますけど」

ここがポイント！

相手に望みどおりのことをしてもらいたいときは、心理作戦を応用すれば簡単だ。それには、尊敬の念を示し、正の強化と負の連想を与え、社会的証明の法則を利用して模範を示せばいい。

11 「自分こそは正しい」と主張する相手に一歩退かせるには？

たとえば、子どものしつけ、会社経営、部屋の模様替えなど、何かをするのにベストな方法について意見が食い違ってしまったときは、この作戦を使うといい。こうした状況には当事者の趣味や意見、アプローチの仕方や好みの問題が関わってくる。すぐに客観的な事実が明らかになるわけでもなく、互いに自分の視点から自分こそが正しいと思っている。双方とも達成したい目的は同じだが、どうすれば一番いいのか、その方法論について意見が合わないときは、この心理作戦で素早く簡単に問題解決を図ろう。

今すぐできる最強の心理作戦

あなたと意見の合わない相手がもし、あなたから十分に敬意を払われていると思っているなら、細かいことで目くじらを立てることはまずないだろう。実際、床にソックスが落ちていることや、キッチンの床を何色にするか、どこで食事をするか、といったことで言い争う人はいまい。

むしろ、話を聞いてもらう権利、自分の信念を通す権利、自分らしくある権利をめぐって、もめるのである。したがって、相手はあなたから評価され、尊敬されていることを知れば、余計な話を持ち出して、いちいち自己主張をする必要もなくなる。それなのに、あなたが自分がいかに正しいかをとうとうと述べて議論を吹っかければ、その場ではいいまかせるかもしれないが、結局何も解決しない。

なぜなら、相手はなおのこと、あなたにないがしろにされていると感じ、次に問題が発生したときには、ますます片意地を張るようになるからだ。そこで、問題の根っこを調べて修正を加えておけば、そこからはもう対立は生じなくなるだろう。

実際、正しいことをするよりも、自分が正しくあることのほうに関心のある人がいる。こうした人は望ましい結果を犠牲にしてでも、自分の思いどおりにしたくて、自分がいかに賢明であるかを証明したがるのである。

したがって、こんな場合には、その人の言い分をきちんと受け入れて評価していることを示せば、相手の興味の中心は、何が本当に大事かということに移るはずである。これなら、主導権争いになることもなく、二人にとって一番の選択ができるだろう。

① お互いに尊敬し合う関係を築く「三ステップ」

以下の三つのステップについての詳しい説明は、10を参照してほしい。

(1) 意見を聞く。
(2) 相手を尊敬し、高く評価していることを第三者に話す。
(3) お礼のしるしにちょっとした贈り物をする。

② 説得の返報性——魚心あれば水心

心理学者ロバート・チャルディーニが紹介した心理法則に「説得の返報性」というのがある。これは、自分が相手を説得して意見を変えさせたことのある人から逆に、意見を変えるよう説得されると、そのとおりにする傾向が強い、というものだ。

ならば、あなたが相手の提案を受けて意見を変えれば、その相手はあなたの説得に応じやすくなる、ということになる。それに、これには「説得の返報性」の法則の他に、ものすごい効果がもう一つある。相手の忠告を聞き入れることで、相手の判断を信頼し、忠告を高く評価していることが相手に伝わるのである。

③「道理をわきまえたやつ」になろう

相手が反対意見をもっているときは、両方の意見に配慮した主張をしておいたほうがいい、という研究報告がある。相手の論拠を無視すると、道理をわきまえないやつだと思われてしまう。したがって、その問題については双方の立場に配慮した主張をして、バランスのとれたアプローチをするようにする。

④お願いがあるのですが……

ことの正否を問題にするのではなく、単に相手に「お願い」をしてみる。

(1) 相手の欲求、行動、好みなど、相手の立場について考慮したこと、そしてそれについて相手がどう感じているかをきちんと理解していることを告げる。

(2) 相手があなたの意見に反対し、自分こそが正しいと思っていることに理解を示す一方で、とにかくあなたの考え方に沿って行動してほしいと頼む。

(3) あなたのやり方ではダメだということがわかったら、即、相手のやり方に従うつもりであることを伝える。一回しかトライする機会がないときには、あなたのやり方がベストでないことがわかったら、相手のやり方に同意すること。

これなら、相手も何か「いいこと」をした気分になれる。負けたのではなく、あなたの頼みを聞いてあげたのだから。こんなことで心理的な力関係が一変するのは、相手にもまだ可能性が残っているうえ、意見を変えたわけでもなく、「ともかくそれをする」というだけだからである。

自分の意見を通すことや議論に勝つことで頭がいっぱいになっていると、思いどおりに相手を動かす、という本来の目的を見失ってしまうことが多いが、このやり方なら丸く収まる。仮にあなたの案でうまくいかなくても、ベストなことを望んでいる相手は、すぐにでも「正しい」方法でそれをすればいいのだから。

思わず試したくなる実例集

ここでは「一般的なシナリオ」を用意した。だから、どんなときにも、どんな相手にも応用できるだろう。

「ねえリチャード、○○についてあなたの意見が知りたいんだけど」

（数日後、あるいは折を見て、ちょっとしたプレゼントをする）
「あなたの忠告どおりにしたんだけど、○○についてのあなたの意見、正解だったわ。おかげさまで、すごくうまくいったの。私のために時間を割いてくれて、心から感謝しているわ。アンディーにもこのこと全部、話したのよ」
（その後、たまたま顔を合わせたり、話をしたりする機会があったら、もう一度お礼をいうことを忘れないようにする）
「本当は違うやり方をするつもりだったんだけど、あのやり方をするように忠告してくれて、ありがとう。あなたのいってくれたことが一番正解だったみたい」

できる限り機会をとらえて、好ましい行動はほめるなどして相手の自尊心を強化し、好ましくない行動はやめさせるようにする。さらに、ほめるときには自己概念を変えるテクニックを織り交ぜるといいだろう。

それには、相手があなたやあなたの意見に対して(a)敬意を表すことができるよう、そして(b)敬意を表したくなるよう、下地づくりをし、相手が敬意を示すようにする。

（その後、相手の機嫌がよさそうなときに）

「ところで、〇〇の件なんだけど、あなたが思っているとおり、長期的にはあなたのやり方のほうが安上がりだし、ずっといいのはわかるけど、実際に私たちがやる場合には可能かしら？（どんなやり方をしたいと思っていても、こう聞く）。二人でやるなら、こっちのやり方を試してみたいんだけど。私にとってはとても重要なことなの」

これでどんなにあっさりうまくいくか、あなたはきっと目を丸くすることだろう。

ここがポイント！

たとえ意見の食い違いがあったとしても、それがもめごとに発展するのは、互いに固定観念でものを見ているからだ。「もの」をめぐって言い争う人はいない。問題はいつも各人の主義や価値観と、話を聞いてもらう権利にあるのである。

そこで、まずは①～④に従って、自己概念を変えさせて好ましい行動を強化するようにしよう。それからあとは、やってもらいたいことを頼むだけだ。

12 いつも〝疑心暗鬼〟な人へのうまい対処法

自分はだまされている、といつも思い込んでいる人とつきあうにはどうするか。こういう人は公平の意味を理解していないらしく、世の中を歪んだレンズを通してしか見ていない。誰がいくら払おうと、何を得ようと、何をしようと、自分はどうせひどい扱いしか受けないのだと決めつけているのである。

自尊感情が低いうえに、歪んだ公平感をもっているのだが、これには理由が二つある。

第一に、すぐに満足できることにばかり気をとられている。

それは、自分という存在が気に入らないが、充足感を得るために、常に慰めや喜びを求める必要があるからだ。だから、不満を感じるようなことでもあると、感情の起伏が激しくなるのである。

第二に、状況をなかなか別の視点から見ることができない。

それは自己中心的であるからだ。つまり、自分が宇宙の中心にいるかのようにものを見ているのである。アーロン・ベックの著書『Prisoners of Hate（憎悪の虜）』によると、

「鬱病の患者は往々にして自分とは無関係の事象を自分に価値のないしるし、あるいは自分が不完全であるしるしと考える」らしい。ベックの実験結果からはっきりわかるとおり、こういう人たちはものの見方や世間および世間の人々への理解が歪んでいるのである。

今すぐできる最強の心理作戦

誰が何をし、何を得ようが、どこへ行こうが、この作戦を使えば、財産分与であれ、誰がいつ何をすべきかといった論争であれ、素早く解決できる（ただし、相手に特定のことをしてほしいだけなら、**10**のテクニックを使って、自分の思いどおりにする）。

特定のテクニックを応用する前に、知っておいてほしいことがある。それは、どんなトラブルにもみな「自我」と「事実関係」という二大要因があることだ。そして、この両方を処理することが重要なカギとなるのである。いずれわかるだろうが、この二つさえ処理できれば、ほとんどのもめごとはすぐに丸く収まるものだ。

と、こんな説明の仕方ではあまりにも単純化しすぎのように思われるかもしれないが、このカギに挑むプロセスを通じて、この手の状況ならたいていすぐに解決できる包括的かつ徹底的な方策が得られるのである。

「自我」に取り組むにはまず、その相手が聞き分けがなくなり、強情を張っているのは、単に自分が尊敬されたいがためなのかどうかを確かめる必要がある。これはいくら強調しても足りないくらい重要なことだ。相手に対して十分に敬意を払っていれば、どのような扱いをされたとしても、こうした障害は克服できることがわかるだろう（対人関係において尊敬の念を確立するうえでさらに詳しい説明と実例が欲しい人は、**10**と**11**を参照のこと）。

① 分けるのはあなた、選ぶのは自分

一方がものを二つに分け、もう一方がどちらか好きなほうをとる。これがものを分配するときの、昔からある一番公平なやり方である。これなら抑制と均衡が保たれ、いずれの側も自分の要求を主張できる（注：ただし、交渉や仲裁、調停など、イチかバチかの状況においては、もっと高度な概念や戦略が必要となるので、**22**を参照してほしい）。

しかし、両者が欲しがっているものがたった一つしかないときは、その一つを得るためなら譲ってもいいようなものを事実上、分け合う。それが済んだら、あとは同様に一方が分け、一方が選ぶ。

②君、私、私、君……の順番

これもよくある公平な分け方だが、今度は交互に選んでいく。まず一方が一つとり、次にもう一方が二つとる。それから、一方が一つとり、あとは全部なくなるまで、同様のことを交互に繰り返す。

③「主導権」はあなたのものよ――相手の牙を抜くのがコツ

誰がいつ何をすべきかについて言い争いになっているときは、このテクニックが効果的。なぜなら、衝突のほとんどは心理的な主導権争いであるからだ。そこで、その「主導権」を相手に与えれば、相手ももっと公平に考えるようになり、あなたの言い分にも共感を示してくれるようになる。

では、人に「主導権」を与えるとはどういうことか。それがよくわかる話をしよう。

私の親友に、非営利団体の基金調達部門の責任者を務めている人がいる。彼は毎日、数十万ドル、時には数百万ドルの寄付を募る。場合によっては、わずか一か月前に寄付してくれたばかりの人のところへまたお願いに行くこともある。そんなことをするのは非常識だと思う人もいるかもしれないが、そうした寄付者とも相変わらずいい関係を保っている。彼の相手を怒らせない秘訣とは何だろうか。

それはいたって簡単。また寄付してくれ、と要請しないことだ。その代わり、寄付を頼んでもいいかどうか尋ねるのである。この力関係の違いがおわかりだろうか。もし露骨に寄付を求めれば、相手に不愉快な印象を与え、防御態勢をとらせていたかもしれない。しかし、お願いしてもいいかどうか尋ねれば、相手のほうに主導権があるのだから、身構えたりはしなくなる。なぜか。それは、こうした問いにならノーといいやすいからだ。しかも寄付の要請についてはイエス・ノーを答える必要がない。

この戦略のもう一つの応用例を見てみよう。物議をかもすような話題について、非常に機転のきく女性が大衆の前でスピーチをしたときの話だ。

彼女の前に同僚がスピーチを行なったときは、怒号や野次が飛び、彼は話の半ばでステージを降りてしまった。そしていよいよ、そのうるさい群衆の前に彼女が立つ番がきた。演壇のところまで行った彼女はこういった。

「みなさん方があまりにも失礼なので、彼は腹を立てたのです。でも、あなた方が同じようなことをこの私にもしたら、私はきっと泣くでしょう」

いくらか笑い声は起きたものの、一切「邪魔」されることなく、彼女は四十分も話をした。完全に聴衆の牙を抜いた形だ。聞き手側はどんな心理だったのだろうか。——大人の女性を泣かしたところで、何のメリットがあるだろうか。何もない。「主導権争い」にはすでに勝っている。そう、泣かしたければ、いつでも泣かすことはできる。ならば、彼女の言い分ぐらい聞いてやろうじゃないか。彼女よりもこっちのほうが強いのだから。こんなぐあいではなかったろうか。それを彼女は読んでいたのである。

そこで、相手は公平で分別があるものと信じ、相手の決定に従うつもりであることを告げよう。多くの場合、いったん主導権を握ると、自分の力を主張する必要がなくなるため、十中八九、公平でバランスのとれた決定を下すようになる。これはまた、交渉ごとなどのときにもいえる。交渉事では有利な取引を望むものだが、その場を任されると、結局は公平で正しいことをしようとするものだ。なぜなら、「多め」にとったところで、心理的に何ら得るものがないからである。

このアプローチなら、意思決定過程から完全に自我を締め出すことができるが、いうまでもなく、これは相手にいくらかの分別がある場合にのみ有効性を発揮する。そうでない場合には、*11*と*12*を見て、目的を達成してほしい。

思わず試したくなる実例集

ジョンは友人と二人でドライブ旅行に出たが、そのせいでガタがきた車の修理代を友人にもいくらか負担してほしいと思っている。

ジョン「なあビル、ちょっと話があるんだけど、俺たち親友だよな。こんなことで友情を壊したくなくてさ。おまえはフェアなやつだけど、俺はたぶんそうでもないから、おまえに任せるよ。自分でフェアだと思う額だけ出してくれれば、それでいいよ」

これでもうビルには勝ち目がなくなった。何でも思いどおりにできるからだ。ビルにコントロールする力を与えることで、「勝つ機会を奪った」ことになるのである。一方、ビルにしてみれば、それなりの金額を払ったとき、まるで自分がいい人だからそうしたかのように思える。けっして、仕方がなかったからとか、議論に負けたからだとは思わないですむ。

ここがポイント!

何が公明正大か、といったことをめぐる単純な言い争いなら、まず自我関与をなくすようにしてから、さまざまある均等に分配する方法のどれかを使うことで、たいていは解決できる。さらに、コントロールする力を自ら放棄して相手に任せれば、あなたに勝ちたいという相手の欲求を消すことができ、かえって心理的に有利な立場に立てるだろう。

3章

相手の機嫌を損ねたときには……

ピンチを切り抜ける「とっさの一言」

13 うっかり失言してしまった、さてどうする?

相手を困らせたり、怒らせたり、傷つけたりしてしまったあなたの言動を相手の記憶からさっと消し去ることは可能である。

大昔から軍の指令官たちの間でとりわけ重要な問題になっていることがある。それは、「敵に待ち伏せされて急襲されたとき、どうしたら死傷者の数を最小限に食い止めることができるか」ということだ。落ち着いて戦略を練るか、援軍を呼ぶか、退却するか。たいていの軍事専門家が出した結論は、「できるだけ早く援護射撃をしながら敵に突撃するのが一番効果的」だとか!

「時がたてば心の傷も癒える」というのは確かだが、場合によっては、時が傷ついた心をさらに硬化させてしまうこともある。

したがって、最良の方法は、最初のダメージをなるべく早く軽減すること。山に勢いよく駆け上がって、さっさと峠を越えてしまうことだ。そのまま成り行きに任せていると、炎症を起こしてさらに大きな問題に発展してしまうことが多い。

というのも、恨みを抱えた相手があなたのした「他のこと」まですべてひっくるめて考え出すと、自分を正当化して、「あなたは思っていたような人ではなかった」ということになりかねないからだ。こうした火の粉が心の中で燃え上がる前に、踏み込んで手を打たなければいけない。

◇陰でなんていったの？

第三者と話しているときに、いったことを曲解されたり、思いがけず誰かを傷つけたりしてしまったら、そのインパクトをすぐに和らげること。たとえば、こういう。

「いや、『君』のせいで気が変になったとはいってないよ。『みんな』のせいでっていったんだ」

当人は又聞きである以上、たいていは本当にそんなことをいったのかどうか疑いをもっているため、これで危機を脱したことになる。

たとえば、社内の誰かがあなたのところにやってきて、あなたを愚弄《ぐろう》したあげく、「おまえなんか嫌いだ」というのと、その同じ人がみんなのいる部屋にやってきて、全員を愚弄したあげく、「おまえらなんか嫌いだ」というのとでは、いわれた側の心理的な重みが違う。後者のほうが衝撃が拡散するからだ。ならば、いってしまったあとで、話をもっと大きくしてしまえばいい。つまり、対象をその人一人ではなく、もっと大勢にしてしまえば、影響が緩和されるのである。

今すぐできる最強の心理作戦

① 〝言葉のとげ〟はこうして抜く！

発言のインパクトを和らげるには、話をもっと大きくする。たとえば、「君のつくってくれたフィッシュ・サンドが嫌いだなんていってないよ。ただ、魚が嫌いなだけさ」。これだけでいい。自分に向けられた発言と受けとめさえしなければ、相手も気分を害すことはない。その人個人に及ぼす影響を軽減すれば、言葉のとげはほとんど抜けるだろう。

② ただ謝ればいい、というわけではない！

謝るときは、まず発言のインパクトを和らげてからにする。というのも、先に謝ってしまうと、「発言内容」について謝罪したことになってしまう。これでは、いったことは、いいたかったこととは違う、という気持ちが伝わらない。

だから、謝るのは、誤解を解いてからのほうがいいだろう。また、謝るときは、悪いのは「自分」であって、相手ではないことをはっきりさせる。

③ さりげなく、人影のないところで

ことを大げさにしないように、みんなのいないところで、自分が「どうかしていた」と話す。できれば、何かプライベートな話も交えて、相手を信頼していることを示す。それから、これはそうしたければの話だが、相手にアドバイスを求めてみる。

思わず試したくなる実例集

大勢の目の前で上司が部下をつかまえて無能呼ばわりしている。

「おい、スティーブ、もう信じられん。あの計算はめちゃくちゃじゃないか。おまえ、バカか」

(いいすぎたことに気づいた上司は……)

「まったく、どいつもこいつもヘマばかりしおって。ここじゃあ、まともに仕事ができるやつはいないのか。おまえなら、他の連中よりはまだマシだろうと思っていたんだが」

(ひと呼吸おいて)

「ちょっと、みんなに話がある。さっきは悪かった。今日は、どうかしていた。他のことで、だいぶイライラしていたもんだから。君たちのせいじゃないんだ。今日だけでも、癇《かん》癪《しゃく》を起こしたのは、これで三度目なんだ」

（その日の夕方）

「なあ、スティーブ、どうも私には休暇が必要みたいだ。このところ、すぐキレてばかりだ」

これで、スティーブが上司の言葉をまともに受けとめてショックを受けることはあるまい。それに、上司がみんなの前で非を認め、謝ったことで、みな上司のことを立派だと思う。こうして上司は不利な立場から、どちらにとってもハッピーな結果をうまく導き出せたのである。

ここがポイント！

思慮に欠ける発言をしてしまったときは、(1)インパクトを和らげる、(2)責任をとる、(3)あとで自分の弱さを「告白」する、のプロセスで素早く関係修復を図ろう。

14 取り返しがつく失敗とつかない失敗の「謝り方の違い」

修理や修繕、取り換えがきくことについて失敗をしでかしたときは、以下のテクニックを使うといい。損害賠償という手もあるが、自分に非があるのなら、具体的な処置をするだけでなく、互いの関係も修復しないといけない。

逆に、ミスそのものの修正が不可能な場合、たとえば、記念日や誕生日を忘れてしまったとか、人に誤ったアドバイスをしてしまったときも、以下のテクニックを使って、ことを穏便に済ませ、素早く仲直りをしよう。

今すぐできる最強の心理作戦

① 何をおいてもまず謝る

ここではまず、最初にすぐ謝罪しなければいけない。なぜなら、自分が悪いのは動かしようのない事実だからだ。わびも入れず、「ごめんなさい」の一言もなければ、相手はなかなか許してはくれないだろう。だから、まず謝る。そしてもう一つ、肝に銘じておくことは、誠意を込めて謝ること。本気でわびる気がないのなら、そうした言葉は口にすべきではない。

② 相手のショックを軽くする「こんな一言」

もちろん、実際にそうであれば、の話だが、自分のしたことが一個人だけに損害や苦痛を与えているのであれば、それをもっと大きな流れの中でとらえるようにする。すると、相手に与えるショックが軽くなる。たとえば、こういう。

「帰宅するときに電話を入れるのを忘れただけじゃないんだ。社で上司と待ち合わせていたのも忘れてしまって」

③ 具体的に〝決意のほど〟を見せなくては

実際に具体的な処置をして、二度と同じ過ちを繰り返さないことを保証する。あるいは、修理が可能な状況であれば、今すぐダメージを受けたところの修理にかかる。

4A 〈取り返しがつく場合〉〝新品〟に勝るものはない！

心から反省し、良心の呵責《かしゃく》を感じていることを示すには、前よりもいいものを準備する。それから何よりも重要なのは、自分のミスについて相手に話す前に、手を打つべく行動を起こしておくこと。

5A 〈取り返しがつく場合〉〝不測の事態〟なら仕方がない

なぜこうした損害を与えることになったのか、理由を説明する。ただし、自分の不注意や軽率さを理由にあげてはならない。責任をもって行動していたが、自分では手に負えない不測の事態が生じたためこうなった、というのであれば、いいかげんにやった場合に比べて、相手の怒りが少なくてすむのは明らかだろう。

4B 〈取り返しがつかない場合〉もう一つの〝事実〟があったとは？

理由をいうときは、相手のためにいいことを「しようとしていた」のに、それがかえって裏目に出てしまった、という。たとえば、相手の誕生日のために何かをしようと思い、自分なりによかれと考えて、かなり前から計画を練っていたが、月日が流れるうちに、預金を別のことに使ってしまった、など。

5B 〈取り返しがつかない場合〉〝差し引きゼロ〟になるまで、つぎ込め！

功を奏するかどうかの「保証」はなくても、二人の関係修復のために時間やカネ、エネルギーなどをつぎ込んで努力すれば、差し引きゼロとなって、互いのバランスがとれるようになる。

これには方法が二つ。どちらかを実践するといいだろう。(1)実際にわが身を投じて関係改善に尽くす。(2)ずっと悩んでいたことを告白する。今も罪悪感に駆られ、苦しんでいるとなれば、おあいこととなる。

思わず試したくなる実例集

始める前に、ちょっと待ってほしい。相手が憤慨しているのなら、相手の話を「黙って聞く」ことだ。批評も賛成も反対もしてはいけない。相手はただ何かを打ち明けて胸のつかえを下ろしたいだけかもしれない。それなら、しゃべらせておけばいい。

あるいは、ケンカの種を探している場合もある。こんなときも、黙って話を聞いてあげれば、そのうち話の種も尽きるだろう。けっして身構えてはいけない。そんなことをすれば、口論になってしまう。仮に情状酌量の余地があっても、その話は後回しだ。今は弁解がましいことをいうべきときではない。
ただし、例外がある。自分は「完全に潔白だ」という場合は、すぐに相手に話そう。さて、これでよし。では続きを……

〈取り返しがつかない場合〉ジムは夕食の時間に三時間も遅れたのに、妻に電話をしなかった。
ジム「すまない。君に電話しなかっただけじゃないんだ。大事なクライアントにも折り返し電話しなければいけなかったのに、それもしてなくて。会議で身動きとれなかったんだ。帰れる時間がはっきりしたら、映画でもどうかと思って電話を入れるつもりだったんだけど、気づいたときは、もう遅かったものだから。明日は早く帰るから、僕に夕食の支度をさせてくれないか」

〈取り返しがつく場合〉サムはジョージから借りた車をぶつけてしまった。
サム「車のこと、本当に申し訳なかった。あの日は何もかもうまくいかなくて。ぶつけてしまったのは、君が愛車をすごく大事にしているのを知っていたから、ボーイに預けたくなくて、自分で路上駐車しようとして、ぶつけてしまったんだ」

「あちこちに問い合わせて、もう見積もりを出してもらっているんだ。ともかく、君の望みどおりに僕が処理するから。保険に関することを教えてくれるかな。でなければ、すでに出してもらった見積もりを渡そうか。あと、車のほうも新品同様になるように、細かいところまで一つのこらず見積もりを出してもらおうかと思っているんだ。何しろ、僕のせいだからね。今回のことは本当に悪かったと思っている」

　無駄な言い訳をして、さっさと謝ってすませるよりも、このほうが相手も自分が大事にされているのを感じ、了解せざるを得なくなるだろう。

　これで収められないとしたら、それはダメージを実際よりも小さく見積もっているのではないだろうか。こんなときは**15**に進んで、確実に解決するようにしてほしい。ただし、その前に「命綱」となる言葉を試してみよう。

「どうしたらこの埋め合わせができるか教えてほしい。きちんとけじめをつける必要があるんだ。だって、僕にとって君はとても大事な人だから。僕たちの関係を修復するにはどういえばいい？　どうすればいい？」

　では、お試しあれ。

◇何をやったにしても……

「どうってことないじゃないか」とか「このくらいのことで、どうしてそんなに怒ってるんだ」などと、いってはいけない。相手の立場に立って、「君がなぜそんなに怒っているのか、よくわかるよ」という。その状況を一大事として受けとめていることを示せば、相手の心も落ち着いてくる。

逆に、状況をたいしたことではないとみなすことは、相手の気持ちをも軽視していることになり、相手をさらに憤慨させてしまうだけだ。

ここがポイント!

調査結果によると、ささいな過ちなら、相手のものの見方を変えてしまえば、ダメージを小さくすることができる。方法は以下のとおり。(1)打撃を与えたのはその人一人だけではないことにする。(2)別の意図があったことを告げる。(3)責任をもって改善していく構えであると約束する。(4)二人の関係において、おあいこになるようにバランスをとる。

4章

自分に落ち度があろうとなかろうと……

一度壊れた関係を元のさやに収める「奇跡の心理作戦」

15 一〇〇%自分が悪くても、これなら相手も許してくれる!

重大な過ちを犯したとき、つまり、客観的に見て明らかに悪いことをしてしまったときは、次の作戦を用いてほしい。

このような状況下で、一方がもう一方の敬意や信頼、権利を明らかに踏みにじるようなことをしたときは、相手の心の平衡を取り戻させることを第一に考える。それには、使い方は簡単とはいえ、相乗効果のある複雑な心理作戦を用いるが、これには10のプロセスがある。

今すぐできる最強の心理作戦

やさしいステップ・バイ・ステップ方式の「仲直りのための10のプロセス」作戦なら、どんな場合にも驚くほどの速さで許しを得、和解ができる。

① 基本は「三つ星アプローチ」から

実践する前に、状況へのアプローチには最大の気配りをする。ことが重大だからといってイチかバチかの賭けに出てはいけない。以下の作戦には指示どおりに従うこと。

(1)謙虚な態度で

その状況に対して謙虚さをまったく欠いた姿勢で臨むと、まずうまくいかないだろう。これはどういう意味かというと、自我をなくせということ。考えなくてはいけないのは、あなたのことではなく、相手のことなのだから。

(2)感情に訴える

数多くの実験により明らかになっていることだが、相手に許してもらいたければ、感情に訴える必要がある。ものごとを考えるとき、たいていは感情がベースにある。だから、人は自分の行動を正当化するのに理屈をこねるのである。しかし、相手を理詰めで説得しようとしても、ほとんど和解などできないだろう。が、だからといって、感情的になるように無理に演出する必要はないし、心に痛みを感じていないからといって、気にすることはない。それ以上、二人の関係が悪化しないようにして、次に行こう。

(3) 敬意を表わす

これまで見てきたとおり、どんな状況であれ、和解を成立させる重要なカギは敬意である。したがって、相手にはきちんと心遣いを示し、「最大の敬意」をもって接する必要がある。つまり、議論を吹っかける、声を荒らげて言い分を通す、会社にまで押しかけて自分の話を聞いてもらおうとする、といったことはしてはならない。互いに一触即発の関係にあるのなら、話をする前や、最初に接触を試みる前に許可を得ることだ。

頭に入れておこう。こうしたことは、あなたのしでかした行為そのものよりも、潜在的に敬意が欠けていることに問題があるのである。よって、ことを穏便に済ませたければ、敬意をもって当たることが大事なのである。

② 責任逃れをしたら、相手の思うつぼ

自分の行動については全責任を負うこと。責任を転嫁したり、言い訳したりしてはいけない。そんなことをしたら、状況を悪化させるだけだ。相手は、あなたが多少は責任逃れをするだろうと思っている。

しかし、他の人に責任をなすりつけるようでは救いようがない。というのも、責任があ

なたにないとなると、人間関係のバランスを回復できるのはその他の人あるいはモノしかないことになってしまうからだ。でも、あなたが責任をとれば、あなたの力でことを丸く収めることができる。仲直りをするには、やはり帳尻を合わせて、互いの関係のバランスをとるようにしなければいけないのである。

③「ごめんなさい」のたった一言に誠意を込める

次に、自分のしたことについて謝罪する。時に私たちは「ごめんなさい」の一言を忘れてしまう。謝っただけではすまないことが多いとはいえ、許してもらいたいなら、謝るのは当然のことである。

加えて必ず誠意を示すこと。どんなにわびても、誠意がなければ、信用してもらえない。信用してもらえなければ、許してもらえるはずがない。心からすまないと思っていれば、二度と同じことはしないだろうし、相手をこれ以上、傷つけずにすむ。でも、本気で謝る気がないのなら、そんな言葉は口にすべきではない。心底悪かったとも思わず、深く後悔することもないなら、その場の状況や相手との関係、そして自分自身について、もう一度見つめ直したほうがいいかもしれない。

◇とにかく「口を差し挟む」のは厳禁！

相手がしゃべっているときは、邪魔をしてはいけない。なぜなら、自分でコントロールしているという感覚を相手に取り戻させるのが目的だからだ。相手の意見を評価できようができまいが、相手には敬意を示す。相手の言い分は黙って聞く。そもそも、「口を差し挟む」という行為は、その場の状況はおろか、会話の主導権さえ相手に渡したくないという意志の表われなのである。

・・・・・・・・・・・・・・

④「自分の運命」を相手に預ける

相手の信頼を裏切るような無責任なことをしてしまったのだから、自分の運命を相手に預け、その行為のみならず、その後の結果についても責任をとるようにする。そうすれば、相手も失っていた「力」を取り戻すことになる。

話し合いもいいが、何のペナルティーも受けずに責任を回避しようとしていると見られたら、おしまいである。この時点ではともかく、あなたの運命（少なくとも相手と関連のある運命）は相手の手中にあることを忘れてはならない。二人の関係が今後どうなるかは、相手に自由に決める権限を与え、その権限が相手にあることを認める。これはきわめて大事なことだ。相手はあなたの行為を裁いて罰したいと望んでいる。自分だって重要な人間だと思いたいのである。だから、あなたが奪ったものを相手に返せば、帳尻が合い、バランスがとれることになる。まずは、こういってみるといい。

「悪いことをしたと思っている。君には怒る権利がある。だから、自分のしたことに対する報いはちゃんと受けるつもりだ」

⑤これが生まれ変わったという〝証拠〟です

実際に行ないを一変させれば、あなたの信念に嘘偽りのないことが相手に伝わる。「実行は百言に勝る」のである。

それから、あなたの行動に相手が不安を覚える理由は、あなたがまた何をしでかすかわからないことにある。つまり、一度あったことは、何の前触れもなしにまた起こり得る、というわけだ。だから、絶対に同じことが繰り返されることはない、と保証しておけば、相手の不安をかなり軽減することができるだろう。

問題の出来事は例外中の例外で、相手がまたその問題を抱えるはめになることはけっしてないことを説明する。これで、相手の生活への影響を最小限に抑えることができる。こうして実際に生活を改めれば、自分の非を認めたと同時に、単に許してもらいたいために生活を変えようとしているわけではないことの証となる。どんなことが誘因になろうと、二度と同じことを起こさないよう、あるいは極力起こさないよう、「行ないを改める」ようにしよう。

たとえば、「もうあんなことは絶対にないから」とか「上司には、もう週末には出張には行きません、ていったからね」などという。気をつけてほしいのは、「〇〇するつもりだ」とはいわないこと。これでは「あれと引き換えにこれをするつもり」、すなわち「許してもらいたいから、心を入れ替える」というように聞こえるからだ。これでは何も変わったことにはならない。まるで、「悪いことをしたのがバレてしまって残念」といわんばかりである。

そこで、自分のしたことと、許してもらうことを別個にとらえてもらえるように話せば、仲直りをするために必要なことをしようとしているだけだと思われず、人間として生まれ変わったあなたを見てもらえるようになるだろう。許しを意識せずに処置を講ずれば、自分の過ちを認めると同時に、許してもらおうとして策を弄しているわけではないことが伝わる。さらに、自分を一新するために何をしたか、他の人たちにも知らせておくと、相手も色眼鏡で見なくなるだろう。

⑥ 少しでも尊敬されるような〝場面〟をつくる

お金を寄付する、ボランティア活動をする、病人や老人と時間を過ごすなど、本当の自分をわかってもらえるようなことをする。実際、自分はどのような人間なのか見てもらおう。相手はあなたを尊敬する気にはなれず、見損なったと思っている。だから、人間としてもう一度尊敬し直してもらえるようにしなければいけない。心から尊敬している人を嫌いになるのは難しい。「真の自分」を見てもらうようにすれば、あなたの悪行も薄められてしまうだろう。

⑦ 「いいことなど何もなかったよ」

今回のことで、楽しいことがあった、金儲けをしたなど、自分の得になるようなことは一切なかったことを相手に伝える。あなたのしたことが過失だっただけでなく、見込んでいたメリットがあったわけではないことも話しておかなくてはいけない。

プライベートでもビジネスでも、許してもらうためのカギは、人間関係の「バランスを回復する」ことにある。もし何らかの形でメリットを得たなら、関係修復にはさらに多くの「お返し」をしなくてはいけなくなる。だから、利益（外発的報酬）や満足感（内発的報酬）を得たとはけっして口にしてはいけない。

たとえば、「浮気をしているときは、実際のところ、ひどく気分が悪かったよ」「盗んだ金を使うようなまねは絶対していない」「あれ以来、みじめなもんさ。罪悪感にさいなまれているんだ」といったことをいって、実情を強調しておくことだ。

ともかく、なんとかして「帳尻」を合わせないといけない。お金であれ、何であれ、手にしたものがあるなら返す。たとえ手元になくても、あらゆる努力をして、できるだけ早く原状に戻す。そのとき立てた計画と進捗状況は相手に伝える。

そして忘れてならない重要なことは、「たとえ相手が一言も口をきいてくれなくても、それで終わったわけではない」ということ。きちんとけじめをつけ、「借り」を返す義務を怠ってはいけない。このときどうするかで、あなたの本性がわかる。仲直りができなくても、常に正しい行ないをしていれば、一緒にいたい、一緒に仕事をしたいと思える人間であることを自ら証明することになるのだから。

⑧ 仲直りの秘訣は、自分の「心の奥底」をのぞくこと

よくない行動にはみな「同じ動機づけ」、すなわち恐れや不安が根底にある。恐れや不安は自我の「子分」のようなものだ。

お金を盗んだのは、今の仕事を一生続けていくのが怖かったからとか、自分で望んだラ

イフスタイルに怖くてのめり込めなかったからかもしれない。浮気をしたのは、おそらく、自分には魅力がないとか、愛されていないという不安があったのだろう。

仲直りの秘訣とは、もととなるこの恐れや不安を見つけ、「誇張して説明する」ことである。たとえば、お金を盗んだ動機としては、ぐらついた自己イメージを立て直したかったからだ、としたほうが、好きなことをしたかったから、というよりも効果的である。

たとえば、性的にだらしないというのは、単なる衝動とは違う。その表向きの動機の下にはやはり不安や恐れが隠れているのである。無意識下に、「本当にこれでいいのだろうか」「私と一緒にいたいという人などいるのだろうか」という思いがあったのかもしれない。でなければ、深層心理において、「ことがうまくいきすぎる。こんなことには慣れていないから、失敗するのではないか」といった無意識的な不安があるのかもしれない。

人は、失うかもしれないと恐れていることをわざわざするものなのだ。

歳をとって急にスポーツカーが買いたくなった裏には、「自分の夢は、自分の青春はどうなったのか」と自問しては不安に駆られている心理があるのかもしれない。結婚しないのは、不安や恐れがあるからだ。「もっといい人が現われたらどうしよう」「結婚に失敗したらどうなるのか」という恐れが根本にあるのかもしれない。このため、人は傷つきやすく、だからこそ、自分自身の心の中を探って理解する必要がある。というわけで、あなたが傷つけてしまった相手にもこの恐れや不安について話をしておこう。

これで、あなたのしたことは、信頼を踏みにじるような裏切り行為というよりも、狼狽した人間が不安に駆られて無分別な行動に出たもの、と思ってもらえるだろう。あなたの弱さを強調しておけば、相手の立場と名誉が回復することになる。相手はあなたの不安を和らげるという重要な役割を自ら演じることで、自分でコントロールしているという感覚を取り戻すことができるからだ。

あなたの動機が不安に根ざしている場合は、相手もあなたの自我をあまり意識しなくなる。平たくいうと、不安とは、自分はこの状況にうまく対処できないと感じたときに生じる心の反応なのだ。これとはまったく対照的なのが傲慢で自己中心的な思考態度だが、これももちろん表に表わしてはいけない。

あなたのほうに主導権があると思われると、今度は相手のほうが不安を覚え、さらに暴言を吐くようになる。対人関係において、互いに嫉妬し合うケースがほとんどないのはこのためだ。嫉妬するのはどちらか一方だけであって、もう一方は自然と中立の立場をとり、より居心地のいいところに落ち着いてしまう。だから、恐れているところを見せれば、相手は敬意を表わしているように思い、自分の「力」と「地位」を認めているしるしと思う。こうして相手は自分の力でコントロールしている気分になれるのである。

動機が不安に根ざしていたことを詳しく説明したあとは、相手や二人の関係に再度関わっていく意志を表明することが大事だ。たとえば、浮気をしたのなら、「私にとって結婚生活がすべてなの。結婚当初よりもあなたを愛しているわ」といった簡単なことをいえばいいだろう。

⑨ 誰だって〝沈みかけた船〟には戻りたくない

問題が起こったときよりも、「よりよい関係」が築けることを示すことができれば、こんなにいいことはない。でないと、相手はこう思う。あなたを許したところで、元の木阿弥になるだけなら、何の得にもならないではないか。誰だって自分の乗っている救命ボートを捨てて、沈みかけた船に戻ろうとは思うまい。しかし、これまでの経緯と、その後あなたが改心したことを示すことで、あなたのコミットメントと互いの関係を「強化」できるなら、相手にも失った以上のメリットがあることになる。

「以上のことをすべてやって、今に至っているなら、どうしてそれを無駄にすることなどできよう」。というわけで、こうした根拠があれば、道理にかなうし、説得力がある。しかも、問題の原因（⑤で述べた誘因）を排除することで、問題行動を起こす前よりも状況が好転することを強調すれば、ことはうまくいくのである。

⑩ 具体的でわかりやすい〝地図〟を渡す

今後の計画について、すべての面において相手主導で徐々に進めていくことをきっちりと伝えておくことが重要である。相手はこう思っている。

「いったんいい顔をしてしまうと、あいつを家からなかなか追い出せなくなる（あるいは、クビにできなくなる、など）」

したがって、じっくりと着実に関係修復の目標に向かえるような計画を立てて提案しないといけない。明快かつ具体的な行動計画を提示し、計画の続行・中止・変更がいつでもできるよう、相手に決定権を渡しておく。

多少なりとも、行動を起こそう、前進しようという気になったら、その方針と手順を理解しておく必要がある。あなたから進路がはっきりと示されていることがわかれば、気が楽だし、安心できるからだ。和解を望むなら、「ゴール」だけでなく、そこに至るまでの「地図」も提供するようにしよう。

◇あなたの心を〝鏡〟に映してみよう！

基本的なことだけいうと……もし抵抗にあったなら、思い出してほしい。世間とはあなた自身を投影したものであることを。愛、恐怖、親切、怒りなど、何であれ、自分がもっているものしか人に与えることはできないし、人から受け取ることもできない。だから、何かを手に入れたければ、それを与えるしか手はないのである。おわかりだろうか。

簡単にいうと、生きていくうえで何かが欲しいというなら、その資質を自分自身がある程度有していなければいけない。人に愛されたければ、人を愛する人間にならなければいけない。たとえば、あなたが親切でないのなら、「あなたの周りの世界」にも親切などあるまい。

したがって、許してもらいたいなら、自分自身や他人を許さないといけない。誰かに何かされたからといって、いつまでも腹を立ててふくれているようでは、その相手に対して誠意を示すことはできない。しかし、自分自身やその相手に対する怒りを静めることができれば、今現在、問題となっている状況もスムーズに解決できるようになるだろう。

思わず試したくなる実例集

ジムは一夜だけ浮気をした。酒癖が悪いため、妻のベスとはよく派手なケンカをするが、つい最近、一夜限りの情事が妻にバレてしまった。

まず、ジムはわめく妻の話に黙って耳を傾ける。そして謙虚な気持ちで感情と敬意を込めて、ことに当たるようにした。

「本当に悪かった。心底すまなかったと思っている。何もかも悔やむことばかりだ。自分のしたことがいけないことなのはわかっている。君には怒る権利がある。報いはちゃんと受けるつもりだ」

「飲んでいて、ほとんど何も覚えていないんだけど、あんなところに行って、あんなことになってしまったのはすべて自分の責任だ。もう金輪際、酒は断つことにした」

仮に妻から、「何かあったの？」と聞かれただけなら、「何も楽しいことはなかった」と答えればいい。聞かれもしないことは口にしないこと。

「なぜあんなことになってしまったのか、自分でもよくわからないんだ。でも、どういう

わけか不安だったんだ」（ここで、考えられる動機を詳しく述べる）
「でも、僕が愛しているのは君だけだ。問題を解決して、前よりもずっといい関係になれるなら、とにかく何でもするつもりだ」
「君のしたいようにしていいから。合わせるよ。ここのソファーで寝るのもダメだというなら、アルの家に行くつもりだ。君がどうしたいのか、いってくれよ（ここで状況判断を妻に委ねてから、話を終えるのがポイント）。今すぐ出て行ったほうがいいかな？」

さて、ジムはここで妻に主体感覚と権限、そして二人の関係をコントロールする力を与えたことになる。妻にしてみれば、まさに奪われていたものを返してもらったわけだ。それからジムは、妻が感情面において進んで「投資」できるように仕向けた。つまり、ジムを許して仲直りができるような心理状態にさせたのである。

ここがポイント！

自分のしたことを心から悔いて、二度と同じ失敗を繰り返さないことを約束すれば、相手が誰であれ、どんなことでも許してもらえるだろう。それには10のプロセスに従ってほしい。

16 口もきかないほど「絶望的な関係」を元に戻したいなら……

かなり時がたっていようと、連絡がほとんどとれなくなっていようとも、また、これまでずっと相手が許してくれなかった場合でも、これならなんとかできる。

こちらの言い分を聞いてくれないことには、どんなに素晴らしいテクニックがあっても役に立たない。①②両方試してもいいし、一方の効き目がなかったときに、もう一方を使うという手もある。いずれにせよ、いったん話を聞いてもらえるようになれば、15のテクニックを使って和解できるだろう。

今すぐできる最強の心理作戦

① こんな「努力のあと」を相手に見せる

相手が口もきいてくれない。かなり長いこと疎遠になっている。こんなときは、バランスを回復することで、互いの関係を活性化させる必要がある。

つまり、相手の心を「動かす」のである。たとえ進展がなくても感情面や金銭面などで「投資」を試み、「努力のあと」を見せられれば、帳尻を合わせることができる。

それには、相手のいるところまで飛行機で飛んでいって、手紙を届け（15で述べたような、あなたの感情や行動についてざっとしたためておく）、何も告げずに立ち去るなど、並々ならぬ努力をしなければならない。

相手を捜し出して声をかけることができたら、「ただただ謝りたい」ので、話をさせてほしいと「頼む」。そして立ち去る。ともかく「何か」をする前に、許可を得ること。相手が話をしたがらないときは潔く引きさがり、別の機会にもう一度トライする（せっかく会いに行ったのに怒鳴りつけられたのなら、それはそれで脈ありである）。こんなに努力したのに何も得るものがなかったことを示せば、おあいことなる。なぜなら、「相手」も同様に二人の関係において努力してきたのに、望んでいたものが得られなかったのだから。

怒っているとき、人はしばしばこれとは逆のことをしてしまい、こう口走る。

「わざわざここまで来てやったのに、口ぐらいきいてくれたっていいじゃないか。ちゃんと、ごめんっていっただろうが！　これ以上、どうしろっていうんだ？」

許可も得ずにいきなり顔を出し、口を開いたとたん、こんな火に油を注ぐような言葉を発するようでは、敬意が欠けているのをさらに強調するようなものだ。これでは相手がこの場を自分でコントロールしていると思えるわけがない。

もめごとを収められるかどうかの九割かたはアプローチの仕方にかかっている。そこで、最大の敬意を込めてアプローチすれば、たいていは、何もいわなくてもすむはずだ。そう、たいていは……。

② 第三者に手伝ってもらうことも必要

23のテクニックを使って、第三者の手を借りて、相手に自分の言い分を聞いてもらおう。それから、**15**のテクニックを使う。

17 他愛もないケンカこそ、この〝プロセス〟を踏め！

自分にはちょっとしか責任がないときでも、相手には、すべて自分に責任があるかのようにいうのが一番。

その理由は、一部しか責任を認めないでいると、相手もあなたの身になってものを見ているわけではないので、また言い争いになってしまうからだ。

しかし、すべての責任をあなたが背負えば、相手はたぶんこういうはずだ。

「いや、そんなことはないよ。僕も悪かったんだ」

でなければ、黙っているかのどちらかだろう。その後、しばらくしてから――そう、一週間かそこらしてから――必要と思うなら、おもむろに「例の件」で相手の責任について思っていることを話したらいい。

ただし、二人の間にまた絆が芽生えるようになってからにする。時間がたてば、お互いの関係も安定するようになるだろうから、それまで待つことだ。

今すぐできる最強の心理作戦

① こんな過小評価はやめなさい！

相手を責めずに、自分が責任を負えば、すぐにでも二人の関係に再び道が開ける。よくある大きな間違いは、「あなたが○○したせいで、すごく大変だったんだから」とか「○○ぐらい、大したことじゃないじゃないか」といってしまうことだ。何であれ、相手のせいにしてはいけない。それから、自分のしたことを最小に見積もるのもいただけない。

自分のしたことの重大さを自覚していることを話す。けっして軽く見てはいけない。でないと、相手から逆襲されるのが落ちだ。また、必要なら、自分の責任範囲をさらに拡大してみる。というのも、自分に厳しくするほど、状況を深刻に受けとめるほど、相手はあなたに甘くなるからだ。

逆に自分の責任を過小評価しようとすると、相手はほとんど無意識ながらも反対の立場をとるようになり、問題がさらに大きくなってしまう。

② プライドを思いきりくすぐる

いつも相手のことを誇りに思い、その人柄や振る舞いに敬服していることを告げる。たとえば、「いつもすごいなと思っているんだ」とか、「君の意見をどれほど高く評価し、君の判断をどれほど信頼していることか」といって、尊敬している気持ちが伝わるようにする。

③ 決断はどっちの手に?

実際に許してくれるよう相手にお願いする。こうすると、相手のほうに主導権を渡すことになり(これこそ、あなたがしなくてはいけないことだ)、和解するかどうかの決断を相手に委ねることになる。

④ 仲直りのプレゼントはあなたから

これは必ずしも必要なことではないが、名前入りとか、特注のちょっとしたギフトを贈ると、あなたが確実に問題を解決しようと、時間をかけていろいろ考え、気を配っていることが相手に伝わる。

思わず試したくなる実例集

ジェーンとジョンは姉と弟。二週間前、バカげたことで口論となったが、それがエスカレートして大ゲンカになってしまった。以来、冷戦状態が続いているが、ジェーンは仲直りしたいと思っている。

（弟に電話をかける）

ジェーン「もしもし、ジョン？　私。話があるの。この前はごめんね。何もかも悪いのは私よ。これでも、あんたのことはいつも大切に思っているんだからね。あのときは考えもなく怒鳴ったりして、バカだったわ。許してくれる？」

ジョン「もちろんさ。姉貴だけのせいじゃないよ。俺も悪かったんだ」

（これとは違う答えが返ってきたときは、*18*に進んでほしい）

もうおわかりだと思うが、ジョンだって姉さんだけのせいではないことぐらいわかっていたはずである。しかし、ジェーンがすべての責任をかぶり、弱い立場となって責任と誠意を示したことで、ジョンも自分の非を認め、謝ることとなった。

逆に、ジェーンが弟にも責任があるといって責めていたら、ジョンは自己弁護に走り、ケンカはさらにエスカレートしていただろう。しかし、この作戦のようなアプローチなら、相手の怒りもすぐに和らいで、緊張が解け、簡単に仲直りができるのである。

ここがポイント！

単なるおしゃべりが対立に発展してしまった場合も、素早く簡単に事態を収拾することは可能である。⑴責任をとる、⑵前々から敬服していることを示す、⑶許しを請う、⑷仲直りのプレゼントをする、といった四つのプロセスを実践してみてほしい。

18 たったこれだけで、過去はすっきり水に流せる!

ここでは、音信不通、口もきかない、といった状態になってから、かなり時が経過し、互いに敵対関係になってしまったケースを扱う。問題の出来事はとっくの昔に過去のものとなってはいるが、あまりにも時がたちすぎて、取りつく島もなく、何といったらいいかもわからない場合は、この心理技術を使ってみよう。

今すぐできる最強の心理作戦

① "小競り合い" は時間のムダです

17でいったとおり、直接、誠意を込めて謝り、一〇〇パーセント責めを負って、責任をとることを忘れないでほしい。ここは「どっちが先に何をいったか」といった小競り合いをしている場合ではない。

②この〝約束〟を忘れない！

自分の行為がたとえ相手には失礼に見えたとしても、そのつもりではなかったことを伝え、どれだけ相手に感心し、敬意を抱いているかをわかってもらう。それから、自分のしたことと敬意に欠けていたと思われたことについて、はっきりとわびる。

自分のしたことについて後悔していることを伝え、二度と同じことを繰り返さないと約束する。

③〝良心の呵責〟にさいなまれていることを告げる

自分のしたことと友情（あるいは人間関係）を失った罪悪感にさいなまれて傷心状態にあることを告げる。それから、例の日以来、どちらかといえば生活が変わったことや、それが結構大変であることを話す。

◆相手が手強そうなときの応急処置「三つの手引き」

相手からかなりの反発を食らいそうなときは、①から始める前に、以下のテクニックのどれか、あるいは全部を試してみよう。

(A)感動的な話をする

二人と関係のある感動的な話をする。これで、もっとハッピーだった頃のことを思い出して相手の心が動いたら、しめたもの。

(B)前もって仲直りのプレゼントを届ける

あらかじめ何かを送っておくこと。プレゼントをもらえば、無意識のうちに義務感がわく。「せめて相手の言い分ぐらいは聞いてあげなきゃ」となるのである。

(C)第三者の手を借りる

必要なら、**24**のテクニックを使い、第三者を介して自分の言い分を快く聞いてもらえるようにする。

思わず試したくなる実例集

母親は娘ジェシーと、娘のボーイフレンドのことで、かつて口論になった。今ではそのボーイフレンドのことなどお互いにもうどうでもよくなっているのだが、自分のいったことを後悔しているものの、二年間も互いに口をきいていない。

ここでも、誰にどのような責任があるかにかかわらず、和解をしたいならば、まず自分が全責任を負うべきである。今は非難し合っている場合ではない。直接、誠意を込めて謝り、一〇〇パーセント責任をとる。責任を全部かぶれば、相手はもう議論できなくなる。

いずれは、当時に立ち返って、相手にも責任の一端があったと思うかどうか聞けるときがくるだろうが、今はそうしたことはしてはいけない。この時点での目標はただ一つ。仲直りすることなのだから。

（オプションの応急処置を施す）

母「あのことで、どれほどすまないことをしたと思っているか。この二年間、本当に私の思慮が足りなくて愚かだったと、そればかり考えていたのよ。いろいろとためらいもあったし、怖くて電話もできなかったけど、以前のような親子関係に戻れたらと、どれだけ思ったかしれない。これでも、女性としてのおまえの決断をいつも尊重してきたわ。賛成できないこともあったけど、おまえが自立していることを誇りにしていたのよ」

母がケンカの種になるようなことを何一ついっていない以上、ジェシーにできるのは同意することだけだ。「親子関係にひびが入った責任は私にもあるわ」と、いうしかないのである。

母「どう、お母さんのこと、許してくれる気はある？　でも、その答えを聞く前に、約束するわ。もう二度と絶対にあんなひどいことはいわないし、しないって」

これで、前向きな答えが返ってこなかったら、**24**を読んで、応急対策用のテクニックを使ってほしい。

ここがポイント！

和解したいが、あまりにも時がたっているという場合は、⑴謝る、⑵敬意と後悔を示す、⑶心の痛みを語る、⑷許しを請う、のプロセスを実践すれば、ことは丸く収まるだろう。

5章

こじれた人間関係に迷惑している……

これで身の回りのトラブルもスッキリ解決！

19 この〝一声〟で、馬の合わない者同士も意気投合！

あなたにも仲裁役が務まり、事態を好転させることができる！　ケンカや確執がずっと続いている、和解させたい、というなら、今すぐ実行してみよう。どんな関係や状況でも、ビジネスであれプライベートであれ、和解など望んでいないような人たちでさえ、仲直りさせることは可能なのだから。

仲よく仕事をさせたいのだが、うまくいかなくて困っている、あるいは彼らの人間関係を改善させたい、というなら、心配は無用だ。このテクニックを使えば、問題の二人あるいはグループも仲よく協力し合えるようになるだろう。

この場合、誰に落ち度があるのかは、たいした問題ではない。なぜなら、問題の当事者はまず自分のせいだとは思っていないからだ。

誰が誰に対して何をしたのか、何に対して誰が責任を負うべきなのか、意見がそれぞれ違うものと考えられる。でなければ、大体においてお互いに敬意が欠けているため、話をしていても、それが表に出てきてしまい、嫌味な発言や隠れた敵意、ライバル意識、嫉妬心に満ちた会話になってしまうのかもしれない。

◇夫婦ゲンカの〝名仲裁〟

聖書によれば、モーゼの兄アロンの葬儀には何万という人々が参列し、モーゼの葬儀よりも多かったらしいが、なぜだろう。それは、夫婦ゲンカが起こるたびに、人々はアロンに助けを求めていたからだ。アロンは当事者たちと一人ずつ個別に会い、ただこう告げた。あなたを傷つけた相手も、あなたを傷つけたことで大いに傷ついているのだ。葬儀に参列した人たちの中には、こうした夫婦の子どもたちも全員顔を揃えていた。アロンがいなかったら、けっして生まれてくることはなかった子どもたちである。

今すぐできる最強の心理作戦

ここでの大きな目標は、一方にもう一方に関する情報、それも相手への見方が変わるような情報を与えること。

①尊敬の〝伝書鳩〟になってみる

一方の独特のやり方にもう一方がとても感心している、一方が支持しているものに、もう一方もあこがれている、といったことを双方に伝える。相手に敬意を払わない理由は、たいていの場合、ただ単に相手から尊敬されていないと思い込んでいるせいなのだ。

②無視、無関心ではうまくいかない

一方と腹を割った話をしたわけではないが、見るからに、相手からどう思われているか、とても気にしている、といったことを各人に伝える。そうすると、双方ともいくらか「態度が和らぐ」ようになる。そこで励みとなるような気のきいた言葉でもかければ、効果てきめん。きっと気をよくすることだろう。

③「生身の人間」であることを強調しよう

生身の人間として意識していない相手や実際に顔を見ていない相手に対しては、危害を加えやすくなるものだ。戦時においては、至近距離で敵を撃つよりも、上空から爆弾を一つ落とすほうが心の傷が少ないのと同じことだ。そこで、信頼や信用を傷つけない範囲で、互いのことをいろいろ知っておくようにさせることが有効となる。たとえば、相手が若い頃に痛ましい体験をしている、病気で苦しんでいる、といったことがわかると、相手についてどう思っていようが、前よりも同情的になり、共感がわくようになる。

そこで、こうしたことやその場にふさわしいことを適宜「うまく組み合わせて」話してみよう（例はあとで紹介する）。こうした話を一つ聞かされただけでも、敵意はかなり薄れるはずである。不和の原因を実際につくっているのは、たいていは一人の人間なので、その人にほぼ狙いを定めてテクニックを使うといいだろう。

◇〝仮想外敵〟をつくって、一致団結！

脅威となる外敵が現われると、内部分裂が解消されることが多くの実験結果によってわかっている。内戦、社会紛争、内政不安などは、共通する外敵の出現をきっかけに終息することが多い。逆に、何も外圧がないときは、一人ひとりの関心や敵意が内輪に向けられやすくなる。そこで、手っ取り早く協力関係を築きたければ、(a)外部に脅威となるものをつくる、(b)何らかの形で他のグループと競争させる、の両方あるいは一方を実践することだ。

思わず試したくなる実例集

ある学校に仲の悪い先生が二人いる。校長にはその原因がよくわからない。が、それを尋ねたところで、まともな答えが返ってくるとは思えない。ただ、校長としては、二人の先生にもっと仲よく協力し合って仕事をしてほしいと考えている（なお、ほとんどの不和の原因は、A先生にあることとする）。

（校長からA先生へ）

校長「ちょっと話があります。先生はB先生とはあまり意見が合わないようですね。何かB先生が気に病むような発言でもされたのではないですか」

A先生「えっ？　まさか。失礼なことは何もいっていませんが。たぶん、B先生が繊細すぎるだけです」

校長「そうですか。ところで、B先生は先生のことをえらく尊敬しているらしいですよ。本当に好印象をもってもらいたい人から批判されると、ちょっとグサリときますからね」

A先生「はあ、そんなものでしょうか。気がつきませんでしたが」

校長「なるほど。励ましの言葉でもB先生にとっては重荷になってしまうのかもしれませんね。それに、B先生はこのところ息子さんの世話で大変だったんですよ。ここ何年か、入退院を繰り返しているらしくて」

（校長からB先生へ）

校長「A先生と今度のPTAの懇談会について話をしたんですが、A先生がB先生の意見も聞いてほしいとおっしゃっていましたよ」

（校長はいろいろ話をしたあと、こうつけ加えた）

校長「先生とA先生は以前とても仲がよかったそうですね。先生のこと、A先生は優秀な教師だと思っているようですよ」

ここがポイント！

二人の関係を改善させるには、お互いが尊敬し合っている、あるいは、一方の否定的な言動により、もう一方が傷ついている、といったことを伝えるだけでいい。そのうえさらに、お互いの人間味を感じさせるようにすれば、関係改善への道が簡単に開けるだろう。

20 意固地になって仲直りしない二人を、何とかしたい！

ささいなことや、今はもうどうでもいいようなことで疎遠になっている人たちがいるなら、バカなことはやめさせよう。このような場合、すでに誘因はなくなっている。仲違いの原因が、お話にならないくらい小さなことだったり、かつては問題となったことでも、今はもうどうでもよくなっていたりするからだ。ただ、心の傷はそのまま残り、傷ついた人たちが今もいることには変わりない。しかも、お互いに口もきかなくなっているなら、なんとかするのがあなたの役目だ。やり方は以下のとおり。大きく二つに分けてみた。

今すぐできる最強の心理作戦

〈クラスA〉最近仲違いしたばかりの場合

もっとも、最近といっても、数時間前なのか数日前なのか、実際はその状況や通常どのくらい交流があるかによって違ってくる。が、一般に、本来あるべき交流や会話がなくなって一週間を超え、かつ、通常の交流頻度から見て、交流があるはずの期間に交流がないとき、あるいはそのいずれか一方に当てはまるときを短時間のカテゴリーに入れている。

実験によれば、関係を修復するには、手っ取り早く何かアクションを起こすのが一番だそうだ。それには、以下のテクニックを一つ、あるいは複数組み合わせて使う。あなたの力量、当人たちの年齢、その場の状況などを考慮して、一番合うものを選んでほしい。

・オプション1……ジョークをいって笑えるような雰囲気の中に当人たちを置く。心理学的にいうと、状況を深刻に受けとめないような状況下では、「自分自身のこともさほど深刻に受けとめなくなる」ものだ。自我についていえば、「その場の状況」を軽く扱えば、独り善がりに陥らずにすむ。

・オプション2……当人たちに現実の一コマを見せる。病院や福祉施設で一緒に働かせたり、見舞ったりするような場面を設定をする。自然災害や救急治療室（ＥＲ）の現場を扱った映画やビデオを見せるだけでも効果がある。ともかく何でもいいから、何が重要で何が重要でないかを気づかせるようなことをする。すると、無意識のうちに優先順位が入れ替わり、本当に大切なことがわかるようになる。こうして、もめていたことについてもバランスのとれた見方ができるようになると、バカバカしくなって、どうでもいいこととして忘れ去ることができるというわけだ。

・オプション3……一方がもう一方をどれほど尊敬しているか、話ができなくなったことで、どれほど気に病んでいるかを各人に伝える。状況を客観的に見られるようになったところで、こうした話を聞けば、お互いに例のもめごとなど水に流せるようになるものだ。

・オプション4……共通の目標に向けて共同作業をさせる。共通の目的をもって一緒に仕事をすると、必ず「世間VS私たち」的な心理が生まれる。そこで、チームを組んで、お互いに協力し合うことで成否が決まるような状況をつくる。すると、面白いことに、互いにベストを尽くし、自分の役割を果たしたと思えれば、成否など重要でないことがわかる。成功しようがしまいが、絆が芽生えるのである。

思わず試したくなる実例集

数日前、ある事件をめぐり、二人の警察官が口論となった。そもそもは誤解がもとなのだが、言い合いになってからは、お互いに嫌味しかいわない。このため、担当警部補はこの二人を仲直りさせたいと思っている。

・オプション1の応用……両者に手錠をかけて二人が離れられないようにしてから一部屋に閉じ込め、お互いの長所を五ついったら部屋から出ていい、と指示を出す（みなさんがどう思っているか、その気持ちはわかるが、信じてほしい。これでも効果はあるのだ。特に周囲の人たちが、その場を盛り上げて「お遊び気分」でさせると、効き目がアップする）。

・オプション2の応用……救急治療室で亡くなられた方のビデオを見せるか、殉職警官の遺族を訪問させる。

・オプション3の応用……二人の仲が悪くなったことで、一方が残念に思っていること、そしてもう一方を非常に尊敬していることを個別に伝える。

・オプション4の応用……二人にある事件を担当させ、聞き込みや尋問を一緒にさせる。

あるいは、一緒に署の新年会の幹事や遺児基金の推進活動をさせる。

（注）思ったような成果が得られないときは、24の応急対策を参照のこと。

ここがポイント！

ささいなことでお互いが噛み合わなくなったときは、四つのオプションのどれかを使って、二人が話をする機会をつくる。そうすれば、火が燃え広がって実質的なダメージを受ける前に素早く消し止められるだろう。

今すぐできる最強の心理作戦

〈クラスB〉長期にわたり疎遠になっている場合

時間が経過し、問題の誘因はすでに陳腐化している。ケンカの原因はささいなことなのに、接触がなかったせいで、お互いの関係が冷え切ってしまったのである。問題はもはや争いごとそのものにあるのではなく、むしろ時間が経過したことにある。そのうえ、「誰も何もしようとしない」ので、かつては結ばれていた絆が失われてしまっているのだ。

すでにかなりの時間が経過しているため、どの作戦なら効き目があるか、いちいち試してなどいられない。そこで、ここではもっと確実を期した作戦を使うことにする。

①「あの日」の二人を思い出してもらおう

理想をいえば、互いを思いやることで関係修復を図るのがいい。つまり、それぞれの生活の中に——まずはその心の中に——もう一方を呼び戻すのである。かなりの歳月が流れているため、双方の生活にとって二人の関係はもう重要でなくなっているといっていいだろう。お互いに相手のことを思い出すこともないようなら、何かを失ったような気にもならない。そこで、以下の作戦を使って、二人の心を揺り動かしてみよう。

・「昔のなつかしい思い出」の中から二人に関する面白いエピソードや感動するような話をそれぞれにする。
・一方がもう一方のことを、どうしているのかとしょっちゅう聞いてくるとか、うまくいかなくなって心配している、といったことを双方に告げる。
・一方がもう一方のことをほめているとか、その行動、ライフスタイル、趣味などについてよく感心している、といったことを双方に話し、もう一度、互いに尊敬し合えるようにする。

② 手っ取り早く解決できるかどうか試す

ここでは、断絶状態に素早く終止符を打てるかどうか、状況判断を試みる。どちらか一方にこういってみよう。

「ミッチが例の件ですごく残念がってたぞ。二人とも口もきかなくなったんだってな。おまえのほうから電話してやったらどうだ？　あいつ、おまえの声をすごく聞きたがっていたし、悔やんでいるみたいだったから。でも、だいぶ時間がたっちゃったから、今さらきまり悪くて、自分からは何もできないでいるんだ」

［次の一手］

これで相手がＯＫしてくれたら、あとは飛ばして、⑦に進む。ＯＫしてくれないときは、もう一方に同じことをいってみる。その人がＯＫしたら、同様に⑦に進む。どちらもＯＫしないときは、次の③を読んでほしい。

③きっかけづくりの〝仲人〟をする

双方とも電話をかけたがらないときは、それであきらめてしまうのではなく、手紙を書く気があるか、あなたに伝言を頼む気があるか確認する。何であれ、きっかけづくりができれば、前途は明るい。が、これでもうまくいかないなら、④に行く。なお、どちらか一方でもその気を見せたら、⑥に進んでほしい。

④「バール」で相手の心をこじ開ける

ここでは、両者が単に強情を張っているだけかどうかをチェックする。このテクニックを使えば、関係を修復することに関心があるのかどうか、その本心を見ることができる。

前著『相手を思いのままに「心理操作」できる！』で初めて紹介したテクニックだが、今回のような例に使うのが非常に効果的であることがわかった。はたして、二人とも仲直りできるのだろうか。どちらが先に折れやすいのだろう――こうしたことを知りたければ、このテクニックがお勧めだ。五分もすれば、答えが得られるだろう。

（注）このテクニックをはじめ、**20**のテクニックはすべて、各人に別々にこっそりと試すこと。

まず、願いごとを聞き入れてもらえるよう頼む。ただし、あなたがかなりの難問奇問をクリアしたら、の話だ。たとえば、一から百までの数字のうち、どれか一つを思い浮かべてもらい、それをあなたが当てたら、話を聞いてもらう、あるいは仲直りをしてもらうことにする。相手はおそらく同意するだろう。どうせ当たるはずがないと思っているからだ。

しかし、この条件にも「首を縦に振らない」ようなら、頑固者と見ていいだろう。が、これで、いくつかのことを成し遂げたことになる。何よりも注目してほしいのは、どちらが説得に骨が折れそうか、また、どちらのほうが仲直りしてくれそうかがわかることだ。もちろん、双方ともにすぐに同意してくれたら、これほど楽なことはない。

本当に数字を当てられれば、それはすごいことだが、ここではそれはどうでもいいことだ。むしろ、「相手がイチかバチかの賭けに応じてくれるかどうか」が重要なのである。もし、この時点で頑として応じないようなら、何が障害となっているかがわかる。

しかし、賭けに応じてくれたなら、その人の信念を若干変えさせたことになる。これで目的達成だ。何しろ、完全に拒否されていた状態から、少し希望が出てきたのだから。当たる確率は限りなくゼロに近いとはいえ、仲直りすることに同意した以上、当たれば、信念を変えなくてはいけない。すると、不協和を軽減しようとして、無意識のうちに考え方を修正するため、心が前よりも開くことになるのである。この賭けに参加してくれるのは、心の奥で仲直りをしてもいいと思っている人だけだろう。つまり、和解させることは不可能ではないことがわかる。

しかも、その人の自己概念を変えたことにもなる。すなわち、「心を開いて関心を示すような人間」という定義が新たに加わるのである。これこそまさに、あなたが相手に望んだイメージであり、通常の快適空間から外れるように要求した結果なのである。

［次の一手］

双方とも、あるいはどちらか一方が相手と関係をもちたがらない場合は、**24**の応急対策を参照のこと。二人ともとりあえず賭けに応じてくれた場合は、次に進んでほしい。

⑤「仲直り思考」に頭を切り替えさせよう

当人たちに仲直りをする気があることがわかったら、話の口火となるものを集めなくてはいけない。なぜ頭にきたのか、互いに嫌悪し合うのか、顔も見たくないのか——こんなことを二人がまだいっているようなら、彼らの思考は堂々巡りに陥っているのである。これを改めるには、一連の質問をして、頭を「仲直り思考」に切り替えさせるようにする。

・もしあの時をもう一度やり直せるとしたら、どんなふうに振る舞うか？
・このようになったことを後悔しているか？
・あの日を消せるとしたら、消したいか？
・つきあっていて、何が楽しかったか？
・仲がよかった頃のことで、何か思い出すことはあるか？

こうした質問をすれば、第一に「あなた」が各人に会うとき、第二に「両者が顔を合わせる」ときに強力な武器となる有力情報が手に入る。それぞれに会ったら、こういおう。もう一方が「あの日を消すことができたらいいのに」「あんなことになってしまって悔やんでいる」といっていた、と。これで解決の余地が生まれることになる。

次に進んでシナリオづくりをするときは、それぞれが話の口火を切れるよう「武装」させておかないといけない。そこで、「話を始めるうえで、まず相手からどのような言葉が欲しいか」あらかじめ聞いておく。これで、「あんなことになって残念だった」「もう二度と怒らせるようなまねはしないから」といった緊張をほぐすような言葉がもらえる。こうして得た答えと、上記の一連の質問に対する答えとをうまく合わせて接点を見つける。「あんなこと、いわなければよかった」という言葉を一方が聞きたがっているなら、それをいえば、謝罪の言葉としてすんなり受けとめられるだろう。

⑥ 相手への希望を〝事前調査〟しよう

こうして双方ともそれなりに心の準備ができたら、次のような質問をする。「話を始めるにあたり、相手からまずどのような言葉を聞きたいか」、あるいは「けじめをつけるうえで、相手に何をしてほしいか」。

[次の一手]

どちらからもまともな答えが返ってこない場合は、24の応急対策を参照のこと。

いずれか一方、あるいは双方からきちんとした答えが返ってきたときは、次に進む。

一方に対して、もう一方が「例の件を水に流すことができればとてもありがたい」といっていたことを強調しておくのがポイント。もう一方が仲直りをしたがっているのがわかると、両者とも、もめていたことよりも、互いの人間関係のほうに目がいくようになるものだ。

⑦ 詳細な〝シナリオ〟をつくろう

話をすることに同意してもらったら、きちんとプランを立てる。そして事細かなことまですべて気を配る。「どこかで落ち合って、徹底的に話せばいい」というのではダメだ。「あなたがすべてを手配する」のである。そして何よりも大切なのは、二人を「最初に会わせる」ときは、話す内容について、互いに了解しておく。以下のように両者に準備をさせておくのがいい。

(A)何らかの形で謝罪する、話を聞きたいという意思表示をする、反省の色を見せるなど、何にしろ、緊張をほぐす手段をもっていなければいけない。でないと、話がぎくしゃくして台無しになってしまう恐れがある。そこで、⑤で得た答えを武器に、それぞれがプラス思考で話ができるようにしよう。

(B)適切な緊張緩和策が思い浮かばないときは、それぞれが相手の立場に立って、状況を見られるようにしよう。そこで、一方がなぜあんなことをしてしまったのか、その理由をもう一方に教え、二人が会ったときに、それを話題にさせる。たとえば、「君が僕のことでひどく取り乱したのは、本当は僕のことを一番に思ってくれていたからなんだよね。わかってるよ、ちゃんと」と、いわせる。これで、お互いの行動を認め合うことになる！

これなら、もめていたことなど水に流して、信頼関係をもう一度築きたい、というお互いの気持ちが穏やかに伝わるだろう。

⑧ いったん和解させたら、迷わせない

いったん和解したあとで、時々、後悔することがある。セールス用語で、買い手が購入したものについてもう一度考え直すことを「購入者の後悔」というが、ここでも、同じことがよく起こり得るのである。「バカなまねをして物笑いになっているのではないか」「相手はこちらのいうことを真剣に受けとめてくれたのだろうか」などと思ってしまうのである。そこで、今回和解できたことをもう一方がよかったと思い、友情や人間関係が復活したことを喜び、感謝していることを各人に――もちろん別々に――伝えることで、きちんと仲直りしたことを確認するのがあなたの役目となる。

思わず試したくなる実例集

義理の母親同士が子どもの結婚式のことで口論となり、以後、三年間、口をきいていない。一方、子どもたち（息子と娘）は母親たちを仲直りさせたいと思っている。

（子どもから母親へ）

「あちらのお母さまと話していたら、ママたちが二人でウェディングドレスを買いにいってくれたときのことを聞いたわよ。試着室に閉じ込められてしまったんですってね。お母さまと話すと、いつもママのこと、どうしているかって聞かれるのよ。だから、ママのぐあいが悪かったときなんか、きっと何回も電話をかけようとしていたんじゃないかしら」

（手っ取り早く和解させる）

「ママたち、全然、話をしなくなったじゃない。こんなことになって、お母さま、気が引けているんだと思うわ。だから、ママから電話してあげてよ。ママの声、すごく聞きたがっていたから。あんまり時間がたちすぎて、気まずくなってしまったものだから、今さら、電話をかけられないんだと思うのよね」

（もう一度トライする）

「もしよかったら、私が電話して、セッティングしてあげようか。みんなでお昼でも食べに行かない？　いつまでもいがみ合っているなんて、くだらないわよ。もういいかげんに忘れて、仲直りしたら？　そのほうがあちらのお母さまも喜ぶと思うけど」

それから⑤に進み、母親同士が会うときに備えて、堅苦しい雰囲気をほぐすような材料を収集する。「ねえ、聞いてもいい？　こんなことになって後悔してない？」「別のことができたとしたら、どんなことしていた？」といった質問をする。

それぞれにいうべきことを教えて準備を整えてから、みんなで会う予定を組む。たとえば、夫の母には、「おつきあいができなくなって寂しかった」と、いうように頼み、自分の母親には「どうにもならない状態になってしまって悔やんでいる」と、いうように言い含めておく。

それから、お互いに仲直りできたことを心から喜び、再会できたことに感謝している、と双方に伝えることで、和解を確固たるものにする。

ここがポイント！

この手の仲違いは、八段階の作戦によって当人たちが争いごとを水に流せれば、たいていは簡単に片がつくものだ。それには、各人のものの見方を変えさえて、人間関係そのものに目がいくようにさせるといい。

21 交渉の余地がないような事態も、これで打開できる

衝突の誘因となったものが今も存在し、時間が経過した以外、何も変わっていない。そのうえ、問題が各人の利害関係に絡んでいる場合は、このテクニックを使って、トラブルの解決を図ってほしい。

争いごとの解決法に的を絞った本はたくさんある。優れた考察がある一方で、お手頃な心得が書かれただけの本もあれば、「争いとは、ものの見方が違う人たちが起こすもの」といった一般常識の雨あられ、といったものもある。そして、「だから、何なんだ?」という当然出てくるはずの疑問には答えていない。

本書では、公平に分配するための厳密な山分け法についてあれこれ論じるつもりはないし、わかりきったアドバイスを繰り返すつもりもない。むしろ、問題を浮き彫りにし、あなたが当事者であれ第三者であれ、「基本的な心理作用」を理解することによって、いかにして「最大の利益を確保」しながら言い争いや要求をうまく処理するか、その方法をわかりやすく簡潔に説明していこうと思う。

どんな場合にも当てはまる「普遍的な心理法則」がある。離婚時の財産分与や遺産相続をめぐる争いから、契約、調停、仲裁における交渉まで何であれ、人はみな公平な分け前が欲しいだけなのだから、そこを理解しておくことだ。

ヘェ〜そうなの、というわけで、この手の対立の核心に迫ってみよう。まず、「公平な分け前」とはどういう意味だろうか。「正しいこと」と「公平なこと」とは違うことが多いが、「平等であること」と「同じであること」もまったく関係がなかったりする。

たとえば、ピザとサラダを二人で分け合って食べようとしている人たちがいるとしよう。どうしたら等しく分けられるだろうか。いうまでもなく、それぞれが半分ずつとればいい。が、一方が乳糖アレルギーだとしたら、どうだろう。この場合、単純に「二等分」したのでは、「正しい」やり方とはいえない。つまり、公平の考え方というのは、各人のニーズと欲求によって左右されることがわかるだろう。

今すぐできる最強の心理作戦

この分野の研究を見ると、交渉、仲裁、調停を問わず、どんな状況でも優位に立つにはどうしたらいいか、実に面白い考察がなされている。それによると、かなり強力な四つの人間性の法則が絶えず働いていて、もめごとが解決するか、エスカレートするかはこれで決まるのだという。

というのも、この法則により「何が公平か」ということがねじ曲げられてしまうからだ。つまり、公平とはけっして客観的なものではないのである。そこで、どうするかというと、誰から見ても、いかにも「公平」に見えるように、ねじ曲げてしまうのだ。それには、以下にあげる法則を修正して使う。各要因に変更を加えて、対立の力関係を変えてしまおう。

① 希少価値の法則――締め切りに追われない人はいない！

ダイヤの指輪がタダなら、きっと欲しいだろう。それとも、アルミ缶のほうがいいだろうか。当然のことながら、誰もが指輪を選ぶに違いない。需要と供給の関係から見て、ダイヤの指輪のほうが貴重だと思われているからだ。人は数の少ないものや手に入らないものを欲しがる。さらに、手に入れるには努力が必要となれば、欲しい気持ちに拍車がかかる。これが人間の性《さが》なのである。そこで、この希少価値の法則をどう応用すればいいのか見ていくことにしよう。

ある調査によれば、相手の――あなたが仲裁役の場合は、双方の――期待感や願望をしぼませておくといいらしい。各人の選択肢の質を落とす一方で、他の選択肢を広げる。この選択肢がテコの作用を生むのである。ただし、各人が「場所を移すか、時期を待つ」ほうがもっといい取引ができるはず、と思い込んでしまうと、問題は解決できなくなる。これ以上時期を遅らせると失うものが増えることを、彼らが理解して初めて協力が期待できるからだ。

実際、いつでも検討できるとか、待っているだけで断然有利になる、先延ばしにしても何も失うものがない、などと思っているなら、両者とも状況を打開する気などないのである。

どんなものにも締め切りや有効期限がある。クーポン券から私たち人間に至るまで（何しろ、永久に生きられるわけではない）、締め切りがあるから行動を起こすのである。措置を講ずるときも、たいていは条件や気分がもっとよくなってから……と、グズグズしてしまうのが人間なのである。そこで、きっちりと締め切りを設け、「今すぐ」行動を起こさないとチャンスを逃すことを知らせるのがポイント。

これにはもう一つ、別の心理法則も働く。すなわち、人は自由を制限されることを好まないということである。そこで、今しか行動する機会がないことを告げて、今、手にしているもの、あるいは得られるものの価値がアップしたかのように思い込ませれば、相手はそれを大事にするようになるだろう。

②比較と対比の法則――お手頃な値段でしょ？

腕時計一つが三百ドルというのは適正価格といえるだろうか。ちょっと無理があるようだが、その時計が元は千六百ドルで売られていたものだと聞いたら、どうだろう。お手頃だと思えるのではないか。手に入れたものに対する「満足度」は、ほとんどこの比較と対比の法則しだいなのである。

Q　誰かに月をプレゼントできるとして、もらった人が満足しないのはどのような場合だろうか？

A　たとえば、月が三つあって、誰かにそのうち二つをあげた場合。もう一人は、「なんで、あの人には二つなの？　こんなの不公平じゃない！」となる。

では、この法則を使って自分に有利になると「同時に」害が及ばないようにする方法を見てみよう。まず、各人に対してそのモノの価値を控えめにいうのが一番。もし双方ともに「ぼられた」かのように感じてしまうと、なかなか決着がつかなくなる。土地売買から契約解除問題まで、結局のところ、何が手に入り、どのようなメリットがあるのか、「私VS彼ら」の対決になってしまうからだ。

③ 返報性の法則――借りは返したくなるのが人情です！

説得のルールには「返報性の法則」と呼ばれるものがある。その基本は、人に親切にされたとき、お返しをしなければ、と思ってしまうことにある。誰かが何かしてくれたとき、何かの形でお返しをしないと、居心地が悪い。そんな経験は誰にでもあるだろう。お返しをする「義務などない」ことぐらいわかっているのだが、何もしないと、きまりが悪いのである。

人から何かもらうと、借りを返さないといけないような気になるのは、なぜだろう。それは、人に依存しているような感じがするからだ。本書の初めのほうで触れたように、人が自分自身に好感をもつには、「他人に依存していてはいけない」のである。すなわち、主体感覚と自尊心がなければいけないのだ。そこで、この法則の応用法を見てみよう。

一方がもう一方に譲歩すると、もう一方は借りができたような気分になる。そこで、主体感覚を取り戻そうとして、お返しに譲歩してもいいと思うようになる。これなら、譲歩したのは一人だけではなくなるからだ。というのも、片方だけが折れたのでは、もう一方はどうしても肩身が狭くなってしまうのである。だから、一方が歩み寄ると、もう一方も無意識のうちに歩み寄るようになるのである。

ただし、双方とも譲れないところまで行ってしまうと、この返報性の心理法則は成り立たないため、協力を得ることはまず不可能となる。

④ 理性的反応の法則――ベストな思考回路とは？

最後の要因は感情と関係がある。相手から理性的というより、むしろ感情的な反応が返ってきたとき、その思考回路はベストな状態ではないと考えられる。相手が理性的にこたえてくれないことには、どの作戦を使っても歯が立たない。感情的になっている人、とりわけ怒りまくっている人に対しては、通常のルールは通用しないのである。

したがって、お互いに憎悪を募らせないよう細心の注意を払わなければいけない。相手と接するときは、常に「敬意」と「礼儀」を心して払うようにしよう。大声をあげる、中傷する、敵意をあらわにする、といったことをしていると、対立が泥沼化することになりかねない。逆に、怒りが静まれば、合意に達する確率がぐんとアップするという調査結果がたくさん出ている。

・・・・

◇〝差し向かい〟は得策ではない

相手と相手の人格を同一視しないで、事実関係だけを見るようになれば、障害の九〇パーセントは取り除かれたことになる。これはちゃんと道理にかなったことなのだ。

人はなぜ差し向かいで対決することに、そんなにこだわるのだろうか。双方ともに強力な「プラス感情」が生まれることが期待できる家族関係のトラブル処理を除けば、面と向かって対決することは必ずしも得策とは限らない。というより、うまくいくことはまれである。したがって、少なくとも初めのうちは、各人に「別々」に会い、自分の立場を見極めてから、四つの法則を効果的に運用して解決につなげるにはどうすべきか判断を下すのがいいだろう。

………………

思わず試したくなる実例集

あなたはビルと会社側の間に入って雇用契約解除の仲裁をしている。

まず、それぞれの言い分を両者に伝える。たとえば、会社側には、ビルが法的手段に訴えるつもりでいることや地元紙に影響力をもっていることを告げる。もちろん、これが事実であれば、の話だ。一方、会社では短期間にさらに多くのレイオフを実施する予定であることや、この件が今すぐ決着しないと、他の人たちの問題も浮上するため、うやむやになる可能性があることをビルに伝える。これ以上、事態がもつれ込むと、誰の得にもならないことを強調すれば、解決のチャンスが飛躍的に増大することになる。

それから、両者ともに交渉の余地がないような場合は、いずれも柔軟性に欠けていると見ていいだろう。これでは返報性の法則はまったく使えない。したがって、譲歩を引き出して、前に進むきっかけをつくるべく、各人に「揺さ振り」をかける。ビルには、高額の要求を出して譲歩するようにいう。そうすれば、返報性の法則とともに、比較と対比の法則が働く。交渉中は、誰に対しても敬意を表し、感情的にならないようにさせる。もちろん、あなたが善意からこの仲裁を行なっていることを強調するのはよいが、行きすぎて双方の敵意を買わないよう、気をつけてほしい。

覚えておいてほしいのだが、こうした法則を使っても、何のためにもならないのなら、解決はまず無理だろう。中東問題を見てほしい。どの法則も役に立たないではないか。

ここがポイント!

この手のもめごとはほとんどの場合、四つの心理法則を使って、状況を都合のよいほうに「曲げて」しまえば、けりがつくものだ。実験によると、交渉であれ、仲裁や調停であれ、四つの人間性の法則が常にかなり強力に働いていて、もめごとが解決するか、エスカレートするかはこれで決まるのだという。

◇リーバーマンのプロフィール分析（ＬＰＡ）

解決の見込みはどのくらい？

ＬＰＡなる心理学的評価基準を用いれば、相手が協力的になるか、強情を張るか、たいていの状況における結果を予想できる。

(A)自尊感情が高く、自信満々の場合

自分は正しいと思っており、自分の立場を固守し、一歩も譲らない。協力はまず期待できないだろう。

(B)自尊感情は高いが、自信がそれほどない場合

一番バランスがとれている。自分の立場にさほど強いこだわりはなく、自分の誤りを認め、相手の要求をのむだけの十分な自尊感情を持ち合わせている。

(C)自尊感情が低く、自信もそれほどない場合

自分の立場に自信がないため、相手に合わせるが、性質上、合意しても優柔不断となる。一方、自我を満足させる必要があるため、自分が折れて大幅に妥協するが、そのことによって、さらに自分が弱くなったように感じる。

(D)自尊感情は低いが、自信満々の場合

協力を得られる可能性が一番低い。自分の立場に強いこだわりを見せ、自己価値を結果で決めるのは、自尊感情が低いからだ。こうした心の動きから最悪の組み合わせが生じる。すなわち、頑固で融通がきかないのである。

「どんな状況」に立たされても、こうした要因に変更を加え、相手の「自尊感情」を高めて、「自信」をなくさせるようにすれば、うまくいく確率がアップする。自分自身を信頼している人ほど、いとわず人に与え、譲歩し、客観的にものを見られるようになる。それでいて、自分の立場に自信がない場合は、それだけ自分の考えを柔軟に変えられるようになる。自尊感情が高いからこそ、楽にそうできるのである。

22 お金をめぐる家庭内トラブルに今すぐ終止符を打つ

お金は家族間の断絶の最大の原因となりうるものだ。カミソリの刃のごとく家族関係を切り裂いてしまうのである。しかし、こうしたことが起こらないよう事前に手を打つことは可能である。一番悲しいのは、実際には必要でもないお金のことでもめる人たちがいることだ。数百万ドルもの遺産が誰の手に渡るのか、子どもたちが裁判まで起こして骨肉の争いを演じる。その勝者がそのお金を自分の預金口座に振り替える。けっして見もしなければ、触りもせず、使いもしないのである。

もちろん、使うためのお金をめぐって争うケースも多い。それも、ぜいたくをするためでなく、必要に迫られてのことなので、各人それなりに自分の正当性を主張する。お金が問題となるには、大きく分けて二種類のケースがある。

一つめは、金の使い途をめぐって家族がケンカになるもの。誰かが何か新しいものを家に持ち帰るたびに、待ってましたとばかりに言い争いが始まる。たとえば、妻は夫を買い物中毒だと思い、夫は妻をけちだと思っているのである。

二つめは、金の配分をめぐってケンカになるもの。

ここに一定額のお金があって、それを複数の人間が欲しがっている。それが叔父さんの遺産であれ、壊れたトラクターの修理代を誰が払うかといった問題であれ、どうもお金とは人間の一番嫌な部分を引き出してしまうようだ。

今すぐできる最強の心理作戦

◆〝支出計画〟を守るための「二つのルール」

金の使い途に関する解決法はいたって簡単である。予算を組むことだ（「予算」という言葉がお気に召さないようなら、「支出計画」とでもいおう）。そうすれば、お金を使っても、自分で主体的にコントロールしている気分になれるし、何にいくら使ったのか、いちいち答えなくてもすむ。何か買うたびにもめることもなくなる。予算を決めるときに話し合いを一回するだけでいいのだ。これでお金に関するもめごとも一件落着となる（思いどおりに予算を立てたければ、**10**を参照のこと）。

ただし、ちょっと待ってほしい！　多くの家族が予算を組んでいる。が、隣り近所を見ればわかると思うが、それでも人はまだ言い争うものなのだ。それも大声で。これは紛れもない事実だ。なぜなら、「二つのルール」がきちんと守られていなければ、予算を決めても何にもならないからだ。

・ルール1……お金を渡すなら、その使い途についてはとやかくいってはならない。くれぐれも監視をしたり、首を突っ込んで嫌味をいったりすることのないようにしてほしい。

・ルール2……誰かが怒るとか、大騒ぎになりそうなものを買うときは、熟慮に熟慮を重ねて、慎重にならなければいけない。

これが守れないから、うまくいかないのである。どんな「支出計画」であれ、計画倒れにしたくなければ、このルールに従うことだ。

また、自分ひとりで状況をコントロールしているときは、責任感がぐんと増すものだ。そこで、各人のお金の使い方については完全に本人の自主性に任せると、家族関係を改善できるばかりか、お金をめぐる争いを回避するうえでも、大いに効果があるだろう。

◆これは一種の「心の病」だと思いなさい！

お金の配分をめぐる争いでは、原因がお金そのものであろうと、感情的な価値観に関わるものであろうと、各人各様の考え方で、自分が正しいと思っている。「僕はナイスガイだけど、あいつはバカ。だから、これは僕のもの」というわけだ。

お金をめぐる争いは、人間関係における心の病のようなものだ。身体の病気についていえば、治療法は二つある。たとえば、がんの場合、化学療法で病気をたたいて治す。が、残念ながら、これだと人間の免疫力まで弱めてしまう。もう一つは免疫力をアップさせる方法。それほど普及はしていないが、がん患者にも使われることがある。これだと、がんにも、継続して行なわれる化学療法にも打ち勝つ確率が高くなる。

お金をめぐる争いで「一番の誤り」は、お金のことばかり考えることだ。それよりも、「人間関係」に焦点を当て、絆を固くするようにしよう。互いの長所や健康に目を向ければ、金銭問題などもっと簡単に解決するものだ。しかし、お金のことで頭がいっぱいになっていると、いずれは縁の切れ目がやってくる。常にいがみ合っているため、絆を補強するものが何もないからだ。

① 会議室より〝動物園〟で

それには、一緒に時間を過ごすようにするのがいい。ただし、問題には触れずに人間関係そのものに取り組むこと。その点で合意ができれば、金銭問題も自ずと片がつくか、でなければ、関係が改善されて、これ以上衝突することはなくなるだろう。

問題の件について集まって話をするときは、当たり障りのない楽しい場所で行なうようにする。実験結果によれば、何も脅威を感じることのない環境下では、ケンカの大もととなる怒りが軽減されるという。たとえば、動物園で話をすれば、弁護士事務所の会議室で話をするよりも怒りや敵意を感じることが少なくなるらしい。

必要なら、23のテクニックを用いて、相手に話を聞いてもらい、ともに時間を過ごすようにする。すでに交渉がまったくないのなら、手紙を書くといいだろう。意外にも、相手が受け入れてくれて、絆を守ることができたりするものだ。

②相手のパワーを封じ込める「とっておきの方法」

相手のことを公正で誠実ないい人だと信じていることを伝える。それから相手に決定権を委ね、その決定に従うつもりであることを告げる。いったん「主導権を握る」と、相手はもう自分の力を主張する必要がなくなるため、おそらく公平でバランスのとれた決定を下すようになるだろう。

誰しも交渉をするなら最高の取引をしたいと思うものだ。「勝ったぞ」と、あとで自分自身にいいたいのである。とはいえ、その場を任されると、普通は公平に処理しようとするものだ。なぜなら、「多め」にとったところで、心理的に「何も得るものがない」からだ。ともかく、ことは当事者しだいである。こうしたアプローチなら意思決定過程から完全に自我を締め出すことができる。身体を張った戦いと同様、いったん支配権を得てしまえば、相手を背後から撃ったところで何ら得るものはないのである。

③ 子どもに〝アイスクリーム〟を買い与える気分になろう

引き続き、相手にはできるだけ敬意を払い、おだてておく。ただし、本当に適切な処理をしてくれるのだろうかと、こちらが不安を抱いているのがわかってしまうと、目的が達成できなくなる。だから、心配しているようなそぶりを見せてはいけない。これなら、信頼していることが伝わり、相手もその信頼にこたえようとするだろう。

いったん信頼関係が築かれれば、金銭問題などたいていはけりがつくものだ。考えてみてほしい。あなたが一定額の資産をもっていて、誰かがそれを使う場合、両者ともハッピーになれるのはどのようなときだろうか。たとえば、親が子どもにアイスクリームを与えると、子どもも喜ぶが、喜んで食べているわが子を見て親もうれしくなる。つまり、お互いに尊敬し、愛し合い、相手を高く評価しているような関係であれば、喜びを与えることで、自ら喜びを得ることになるのはいうまでもない。

④ 〝角度〟を変えて、相手を見る

第三者として、あるいは一方の助太刀をするなら、「リフレーミング・テクニック」を使って、各人の状況認識を変えてしまおう。

通常、私たちは自分自身の限られた視野の中だけでものを見ている。他人の視点でものを見ようとすることはめったにない。それに、そうしようとしても、歪めて見てしまっていることが多い。そこで、人はなぜ自分の欲しいものを欲しがるのか、角度を変えてプラス思考で考えてみよう。

ただし、無邪気に構えていてはいけない。どんな関係であれ、お互いに何の接触も連絡も関心もない場合は、人間関係でもめることはない。しかし、金銭をめぐって衝突し、断絶状態に陥っているなら、**21**の法則とテクニックを使ってほしい。

というのも、親族間の問題であっても、この時点で単なるビジネスとして割り切れるなら、自身の利益を守ったほうがいいからだ。カネ目当てで人間関係などどうでもいいなら、ケンカをせずに解決することはできまい。これは価値観の問題である。お金と人間関係のどちらをとるだろうか。

◇究極の解決法は「ミニ裁判」

両者が同意できることをすべて書き出す。そのリストを、この件に関して何も知らない人たち十人に読ませて判断を下してもらう。「ミニ裁判」のやり方としては、これが一番公平で客観的な方法である。各人が本当に自分こそ正しいと信じているなら、中道を行くほうが、居心地がいいはずだ。だから、筋の通らないことをいっていると自覚しているのは誰であるかがすぐにわかる。というのも、この方法なら公平にはなるが、自分の要求する公平さとは違うため、その人はこのやり方におそらく賛成したがらないからだ。

思わず試したくなる実例集

二人の兄弟が祖母の家の売却代金をどちらがもらうかでもめている。ティムは、祖母が病気になったとき、自分が世話をし、治療費などもほとんど自分が立て替えたのだから、当然自分にもらう権利があると思っている。一方、トムは、ティムとは違い、本当にお金を必要としており、仕事を二つもしていなければ、自分だって祖母の世話がもっとできたはずなのだから、自分こそもらう権利があると思っている。

両者とも、第三者の助けを借りて、必要とあれば、お互いにお金の問題は一時棚上げにして、この件とは無関係のことを一緒にしたり、話したりして時間を過ごすことに同意している。あとは、権利関係において不利な立場にいるほうか、お金よりも人間関係を大事に考えているほうがこの作戦を仕掛ける。

もし必要なら、第三者が各人に対して他人の目から見た状況説明を行ない、それぞれが気づいていないと思われることを気づかせるようにする。


「ティムは、祖母の治療代や看護費用に相当のお金を払ってきたのだから、お金を受け取る権利があると思っている」

「トムは、小さな事業を始めるための資金を必要としている。兄のように自立したいと思い、今がそのチャンスだと見ている」


（たとえば、ティムからトムへ）

「俺にとってはカネよりも、おまえとの関係のほうが大事なんだ。だから、おまえに任せる。好きなように決めろよ」

こういったからには、不安げなそぶりは見せてはいけない。弟には引き続き敬意と愛情をもって接する。こうすれば、ケンカになることもなく、弟はできるだけ公平な処理法を考えるようになるだろう。

ここがポイント！

誰が何にいくら使うのかをめぐって、いさかいが続いている場合でも、遺産分けでももめている場合でも、各人に権限を渡して信頼を寄せる一方で、人間関係そのものを固めるようにすれば、お金の問題も適切な見方ができるようになるものだ。

23 〝弁解の余地〟がない人間を手助けしたいなら……

この心理技術には二つの使い途がある。一つは、仲違いしている二人を和解させるために、一方の話をもう一方に聞いてもらう必要があるとき。もう一つは、人に頼まれて、その人の言い分を相手側に聞いてもらえるようにするときだ。

後者は、信頼や信用、尊敬の念を踏みにじるような重大な違反行為、つまり、客観的に見て明らかに悪いことをその人がしてしまい、相手にはほとんど、あるいはまったく責任がない場合などが当てはまる。

しかしだ。最も重要なこととして、最初にはっきりさせておきたいことがある。「その人がもし誠実な人でなかったなら、仲裁などしてはならない」ということだ。その人は本当に自分のしたことを反省し、心から和解を望み、約束を守る意志があるのだろうか。自信をもってイエスといえるかどうか、確かめてから仲裁するようにしよう。

今すぐできる最強の心理作戦

人間行動に関する数多くの研究・実験によると、以下にあげる心理学の七つのルールに従えば、一方にもう一方の話を聞いてもらえるよう協力を取りつけられるチャンスが飛躍的に増大することがわかっている。

① 〝虫の居所〟がいいときを狙え！

実験結果によると、気分のいいときのほうが宝くじを買う人が増えるという（なぜかというと、気分とは自尊感情を投影したようなものなので、それだけ自分自身に対してプラス感情を抱いていることになるからだ。ただし、気分が激しく揺れるのは一時的なことで、その場合は心理的に満たされているかどうかという全体像を反映しているわけではない）。それから、気分のいいときは、将来の可能性について、より「楽観的」になり、マイナス情報でも受け入れやすくなる傾向がある。

お気づきだと思うが、虫の居所がいいときは、気が動転しているときに比べ、ものごとにあまり動じないものだ。しかし、虫の居所が悪いときは、ちょっと不快な思いをしただけで、癇《かん》に障ったりする。

問題を解決するときも同じことがいえる。機嫌のいいときは、心が開き、受容的で、関係を修復しようという意欲がわくので、一時的に自尊感情がぐんと高まり、これが自己愛となる。すると、自我が小さくなって消え失せ、関係をもちたい、心を通い合わせたい、という本来の欲求が出てくるのである。

そこで、相手が上機嫌のときに、このルールを使って、相手にやってもらいたいことをしっかりとわからせるようにしよう。つまり、もう一方の言い分を聞いてもらうのである。

② 目的は何？　お楽しみをたくさん用意する

人の話を聞きたがらない理由の一つは、いったん耳を傾けてしまうと、「途中で話をやめさせる」わけにはいかない気がするからだ。聞きたくない、と突っぱねている間は、自分でコントロールしていることになる。が、いったん折れて話を聞くことにしてしまうと、コントロールする力をいくらか失ったことになる。そこで、そうならないように、以下のことを相手に伝えるようにしよう。

・完全に相手に主導権を渡す。話の途中で、いつでも退席できるようにし、その場にいてくれとはけっして頼んだりしないことを告げる。
・話は簡単で、すぐに済み、面倒でうんざりするようなやりとりはないことを伝える。
・他に何も引き受けなくていい、主導権は相手側にある、ただ話を聞くだけで、それ以外のことには同意する必要はない、勧誘されたり、説得されたりすることは一切ない、といったことを告げ、ともかく、何かを「受け入れさせられる」ようなことがあるのでは、と相手に思わせないようにする。その場にいるのは話を聞くためだけであること、だから、退席する、話す、怒鳴るなど、したいようにしていいこと、つべこべとへ理屈や言い訳を聞かされることはないことを伝え、こうした約束を必ず守るようにする。

また、話を聞いてもらうために会うときは、その前後に気分が明るくなるようなことをしてもらうのが一番だ。たとえば、まず昼食を一緒にとってから、もう一方の言い分を聞いてもらい（このとき、あなたはいても、いなくてもかまわない）、そのあとで、映画やコンサートに行ったり、夕食をともにしたりする。こうすれば、話を聞かされるために会うことにはならないので、相手が断わる確率も減るというわけだ。

◇政治家のいつもの逃げ道!?

相手に再考を促すときは、新しい情報を与えてからにする。というのも、新たな情報を得たわけでもないのに、意見を変えたりしたら、一貫性のないやつだとみなされるかもしれないし、自分自身それを自覚することになる。誰だって優柔不断と思われたくはない。

そこで、同意を求める前には必ず、その他の関係資料をいくらか提供するか、相手が忘れていると思われることを思い出させるようにする。これなら、相手は単に意見を変えたのではなく、新情報をもとに新たな決断を下したことになる。

③相槌を打たせてしまえば、こっちのもの

実験結果によると、人間は自己イメージすなわち自己概念と一致するような行動をするのだという。これはまた自分の「快適空間」ともいえるもので、こういう行動をとっているとき、とても快適なのだが、自己概念と一致しない行動をとったときは、不安で落ち着かなくなるらしい。が、それだけではない。いったん特定の信条や信念などを他人に語ってしまうと、そのとおりに実行しなければいけないという思いがさらに強くなる。

そこで、「人を許すことができるというのは、精神衛生上いいことだと思わない？」と

か「誰にだって自分の話ぐらい聞いてもらう権利はあるわよね？」などといってみるといい。これにいったん同意してしまったら最後、他の同じような依頼にも、無意識的に従わざるを得なくなるのである。

④ この「ハートブレイク状態」を伝える

もう一方がどれほど苦しんでいるかをわからせれば、帳尻が合い、バランスがとれる。悪いことをしたことと人間関係を失ってしまったことで、相手が傷心状態にあることをきちんと伝えるのがポイント。というのも、本当に気に病んで傷ついていることを信じてもらえなかったら、解決できなくなるからだ。

⑤ 〝違う人間〟に生まれ変わりました！

もう一方がひどく心を痛め、悔いているばかりか、「行動を改めるために措置を講じている」ことも知らせておかなければいけない。これで、心を入れ替えたことが伝わる。罪悪感にさいなまれているだけでは今ひとつだ。それよりも、今までの自分とは違うことを証明するために変わらなければいけない。別人に生まれ変わった人間としてやり直すのであれば、また同じ問題を抱えて苦労しなくてもすむというわけだ。

⑥ 相手の〝自己概念〟をつくりかえる

これについては前にも触れたが、ここでは、「あなたは人を許せる、心の広い人間だ。実際、そんなあなたにとても感心しているのだ」というだけでいい。こういえば、自己価値と信念を同一視するようになる。筋の通った要求に対して抵抗を示している間は——この場合は、謝罪したがっている人間の言い分を聞くことを嫌がっている間は、自己概念の見直しを迫られることになるのである。

⑦ 被害者はあなただけじゃない

一方がしでかした行為は、もう一方の人だけに向けられたものではなく、もっと大きな問題の一部にすぎないことを説明する。もちろん、実際にそうした状況にあれば、の話だが、そうすれば、インパクトが和らぐ。

たとえば、ジョーが親友のジョンと口をきかなくなったとする。原因は、ジョンが酔っ払ったときに、ジョーのことをぼろくそにこき下ろしたからだ。しかし、もしジョンがその同じ夜にナイトクラブの用心棒を殴って、通りで大ゲンカになっていたことをジョーが知ったなら、見方を少し変えるだろう。もう自分だけに当てつけたのではなく、何か特別な事情があったのだと思うようになるのである。こうして考え方が変われば、ジョンの言い分ぐらい聞いてやろうという気になるのはいうまでもない。

◆バックアップ・プラン——相手がまだ相当な拒否反応を示すようなら

(1)好奇心をくすぐる

人間は自分の好奇心を満たしたいという欲求に突き動かされて行動する。天界のことから乾燥機の中で行方不明になった靴下のことまで、「なぜ？　どうして？」と、やたらに知りたがる。

そこで、ここではこの人間の好奇心を利用してみよう。一方がなぜあんな行動をとったのか。それにはとても信じられないような理由があるが、いったんそれがわかってしまえば、何もかもが見えてきて納得がいくようになる、と相手に告げる。こうして好奇心をかき立てたら、さいわい、当人が自ら話をしたがっている、と伝える。

すると、あんな行動をしたのには、おそらく自分の力ではどうにもならない事情が他にあったからだろうと「思わざるを得なくなる」ため、その事情とは何か、どうしても知りたくなってしまうのである。

(2)何をしてもらいたい？

話を聞いてもらうには、どうすればいいか、あるいは何をいえばいいか、相手に聞く。それから、それが何であれ、相手の要求にこたえられるかどうか、こたえる気があるかどうか、もう一方に確かめる。

(3)あなたが譲歩すれば、相手も譲歩する

かなりの抵抗に遭うような予感がする場合は、その相手に、ただお義理で会う以上のことを頼むのが一番。たとえば、こういえるだけの力があなたにあるのなら、相手に対して、はるばる飛行機でこちらまで来てほしい、そして精一杯の努力をしてほしいと迫る。そのあとで、この要求を引っ込め、それよりも小さなお願いをする。お膳立てはすべて自分が調えるから、ただ話を「聞くだけ」でいいと相手に告げる。これで相手は心理的に有利な立場に立つことになる。

というのも、重要な二つの法則、すなわち、返報性の法則と対比の法則が働くからだ。つまり、あなたが最初の要求を引っ込めて、要求量を減らしたことで、相手はあなたが譲歩してくれたと思うため、自分も譲歩しないといけない気になるのである。もし、何かをしてくれと頼んだだけなら、それをやってもらうだけで終わってしまう。しかし、要求を

引き下げたことで、いくらか譲歩したように見える。しかも、対比の法則も働くので、その前の大きな要求に比べて、実際の依頼が大したことではないように思えてしまうのである。

◇六回目の〝イエス〟にかけろ！

普通、人がノーというときは、何らかの変化に対して抵抗を感じているものだ。そこで、頼みごとをするときは、六回まで粘ってみよう。実験結果によると、六回頼まれると、さすがにたいていの人がＯＫするそうだ。少しでもイエスというつもりがあれば、ほとんどが六回までにイエスといってしまうのである。

思わず試したくなる実例集

テクニックを使う前に、当人が心を入れ替えているか、本当に後悔しているのか、あなたなりに納得しておくこと。特に重要なのは、「両者」いずれにもメリットがあるような形で和解させることだ。

妻に隠れて浮気をしていた友人が助けを求めてきた。あなたは奥さんのほうとも面識がある。奥さんはともかく離婚したいといっており、夫の言い分に耳を傾ける気などまったくない。一方、友人は明らかに自分の非を認めて反省しており、妻と話をすることさえできれば、14のテクニックを使って、許してもらえるはずだと信じている。

まず、仲裁する日の一日か二日前に奥さんの自己概念を変えてしまうような質問をして、お膳立てを調えておく。

「人を許すというのは大切なことだと思いませんか？」とか「どれだけ幸せな人生が送れるかは、古傷を封印できるかどうかにかかっていますよね？」など。

こうした問いかけをすれば、相手は自分とはこういう人間だ、というイメージを心の中で固めていくことになる。そのあと、「そのようなあなたをいつも尊敬しているんです」とか「恐れずに思い切ったことができる人にはいつも感心しているんです」といった意味のことをいう。

これには二つの効果がある。一つは相手の自己概念をつくりかえ、「こうした考えをもっている人」という定義を新たに吹き込むことになる。二つ目には、人を許すのは大切なことだと認めた以上、これに反することは以後できなくなる。

そして、相手の機嫌のいいときか、何かに興奮しているとき、何かを期待して待っているときなどに、例の浮気の件についてアプローチをかける。

「ハルと話したんだけど、あいつ、自分のしでかしたことで、かなりめげていましたよ。食事もろくにのどを通らないみたいで。あれ以来、週に二回、カウンセリングを受けているんです。今のところは二回だけど、もっと増やして、できるだけ早くこの問題を克服しようとしているんです」

◆ただただ説得を続ける効果

「あいつの言い分をともかく聞いてやってほしい。話をさせてやれば、それで十分なんだ。君を動揺させる気なんてないし、別に許してくれと頼んでいるわけでもない。ただ、本人の言い分を直接聞いてくれるだけでいいんだ。そうすれば、今回のことだってよく理解できると思うんだ」

「簡単なことさ。うちに来て、君と僕とで一緒に食事をする。そこへ、あいつが来て、君たちは話をする。そして、やつは帰る。それだけのことだ。あとは、映画でも見に行こう」

「あいつの落ち込みようは相当なもんだ。君だってそうだろう。でも、あいつの話を聞けば、たぶん気が晴れるんじゃないかな。だって、やつの話では、君の知らないことがいろいろあるみたいだし。だから、自分の口から直接話したいんだよ。聞けば、君も気持ちが落ち着くと思う。あいつとはもう関係をもちたくないというなら、それでもいい。それは君の自由だ」

心から両者のためを思ってすれば、きっと気持ちは通じるだろう。いつまでも怒りをためているのは、彼女にとってもいいことではない。たとえ、夫を許す気になれなくても、話をしさえすれば、踏ん切りがつくだろう。

ここがポイント！

一方の言い分をもう一方に聞かせたいときは、七つのルールに従えば、心理学が強力な武器になる。うまく和解させるには、相手が反論できないようにする、自己概念をつくり変える、インパクトを和らげる、別の動機づけを与える、といったことをするといい。

24 石頭で融通のきかない相手を落とす「七つの上級戦術」

非常事態！

何をやっても、もうどうにもならないときは、以下の応急対策を施してほしい。どれが一番いいのかは、その場の状況や当事者たちのことを知っているあなたにしかわからない。対策によっては、併用できないものもあるかもしれないが、必要に応じて、いろいろな対策を続けて実施してもいいし、順番にもこだわらなくていい。

ただし、こうしたテクニックを使うのは「第三者だけ」、つまり、中立的な立場にあって、もめごとに直接関与していない人だけにしてほしい。というのも、これらのテクニックは、人の心に立ち入るものと受け取られる可能性があるため、当人たちのためを思っている人以外には使ってほしくないからだ。

以下のテクニックを試してから、適宜、他の作戦を使ってもいいし、作戦を実行してから、テクニックを試し、再度、作戦を実行してみてもいいだろう。

①こんな「現実の一コマ」に直面させる

運転中にとんでもない交通事故に遭遇したとき、同乗していた人たちがお互いに急に「やさしくなった」ような気がしたことはないだろうか。ある種の無言のやさしさが広がるのである。

また、友人のお見舞いに行き、病院の玄関を出たとたん、周りの世界が少し違って見えたりしたことはないだろうか。安堵と悲哀と楽天主義が混じったような感じがしたりするのだ。本質的に、何らかの経験をすると、「ものの見方に変化」が生じる。「生きている喜び」や「手にしているものへの感謝の気持ち」がわき起こるのである。こうした状況に遭遇すると、釣り合いのとれた健全な見方ができるようになる。ただし、それを忘れてしまうのもあっという間だが。

一方あるいは両者にこのような心境の変化を体験させるには、病院や斎場などに別々に連れて行き、精神的なショックを与えて現実の世界に引き戻す。人生で本当に大切なものは何か、本当に重要な問題は何かを悟らせるのである。こうすると、理屈や感情を超えたスピリチュアルなレベルに到達する人が多く、これが往々にしてかなりの効果を発揮する。

では、なぜそんなに効果があるのか。それは、あらゆるものをこれまでよりも健全な目で温かく共感をもって見るようになるからだ。こうしてものの見方が変わったときこそ、事態を収拾する絶好の機会となる。「鉄は熱いうちに打て！」である。その場ですぐに両者から約束を取りつけ、できるだけ早いうちに会うか話をするかさせよう。

②〝大義名分〟を用意してあげよう

たとえば、家が火事で焼けた、病気の宣告を受けた、飼っていた犬が死んだなど、最近、あなたに悲しいつらいことがあったとしたら、相手はあなたの気分を明るくさせ、これ以上嫌な思いをさせまいとして、不本意ながらも、あなたの要求をのむ可能性が高くなる。さらに、あなたの身にこうしたことが降りかかっているときに、このようなことを頼むからには、「よほど重要なことに違いない」と相手は解釈し、あなたをこれ以上落ち込ませたくないと思うだろう。

この場合、その「悲劇」がそれほど深刻なものでなくても、実際はかまわない。なぜなら、相手にとっては心理的な動機づけさえあればいいのだから。したがって、相手には簡単にこういえばいい。「それをするのは、もう一方の人のためでも、あなた自身のためでもない。私のためにしてほしい」。この「私のため」を強調しておくことだ。自分にはそれほどの影響力はないと思うかもしれないが、それも気にすることはあるまい。たいていの人は、自我関与をなくすのに、心に言い訳すればいいだけなのだから。相手が「あなたれるのである。

のため」にそれをするのだと思っている限り、この「お荷物」はほとんどが消え失せてく

これを理解するのは難しいかもしれない。私たちの自我はジグソーパズルの一ピースのようなものなので、自我とは無関係の行動がどのように見えるのか客観的に判断できないことが多いのである。

たとえば、あなたが独身で、男女の出会いを求めてバーに一人で出かけていったとする。こんなときは、少々自意識過剰になるかもしれない。しかし、「カッコつけてナンパしまくっている男たちとそうした男を好む女たち」の生態調査をするのが目的だったとしたらどうだろう。バーに行っても、自意識過剰になることはあるまい。なぜなら、これは仕事であり、調査対象は彼らであって、「自分ではない」からだ。つまり、自我は眼中に入ってこないのである。同様に、当事者二人で和解する場合も、場合によっては、当事者間の問題ではなく、別の問題にすり替えてしまうこともできるのである。

これで、あなたの望んでいるとおりにさせることができる。ちょっと一言つけ加えるだけでも、一方がもう一方の話を聞く、両者に一つのプロジェクトを担当してもらう、その場でいきなり和解させるなどが可能になるのだ。

③「明日の保証」は誰にもないのだから……

他のみんながいなくなってしまったら……と、相手をおびえさせる。誰もが時間は無限にあると思っている。つまり、その気になれば、いつでも話をしたり、問題を解決したりできると思っている。しかし、当然のことながら、現実は「そうではない」。明日のことは誰にもわからないのである。そこで、二人がもう連絡をとれなくなる恐れがあるなら、それを利用して不和を解消するようにしよう。たとえば、こういってみる。

「ちょっと悲しい知らせがあるんだ。君のお姉さんのことなんだけど……」

相手はまず、ケガをしたとか、亡くなったとか、最悪の事態を想像する。このとき、本人が話をするまで、それ以上のことはいってはいけない。それから、仲違いしていることで、どれだけお姉さんが心を痛めていたかを話す。すると、これが刺激となって、現実に対する認識を新たにする。つまり、時間は無限にあって、明日は誰にでも保証されているという幻想から目が覚めるのである。こんなことをしたら、彼らは気分を害するかもしれない。しかし、いったん和解できれば、あなたのしたことに感謝してくれるはずだ。何しろ、関係を修復させるにはそうするしかなかったのだから。

たぶん思ったほどの混乱はないのではないだろうか。というのも、相手がムキになればなるほど、それだけ気にしている、ということになるからだ。そこで、仲直りするにあたって、相手が何を望み、何に価値を置いているのか、はっきりさせておこう。

④ 宇宙からの〝シグナル〟は見えますか？

これは頑固な人に対して効果のある心理テクニックだ。誰の話も聞きたがらないような人でも、これなら耳を傾けてしまうという情報源、というか存在が一つある。それを神とか、宇宙、崇高なパワー、宿命の法則とでもいおうか。とにかく、「宇宙」が何かを語りかけようとしているかのように感じれば、聞くかもしれない。人の話にはそっぽを向いても、相手が宇宙なら話は別、というわけだ。

そこで、たとえば、「和解せよ」「謝れ」「話を聞け」といったメッセージが宇宙から送られてきているかもしれないから、そのシグナルに気をつけるようにいう。相手が意識していようがいまいが、気をつけようという思いがどこかにあれば、心の中で必要な許可が下り、シグナルが見えるようになるだろう。

これで、どのような効果があるのだろうか。日常生活の中から例をあげてみよう。新しい車を購入したとたん、自分と同じ車を運転している人にいちいち気づくようになったことはないだろうか。あるいは、旧友のことを考えていたら、その旧友とそっくりな人がやたらに目につくようになったとか。ここでも同じことがいえるのである。気をつけていれば、見つかるものなのだ。この世の者からではなく、「宇宙」からのメッセージだと信じている限り、それにこたえるようになるだろう。

⑤ 全然知らなかった、意外な一面!

現実に目を向けよう。自分で焦点を絞って見ているところが自分の世界となり、そこから思想や価値観、姿勢、信念が生まれてくるのである。もし二人の関係を修復させてあげたいなら、それぞれが相手を見るときの視点を変えさせるようにしよう。

たとえば、人の命を救った、腎臓を提供したなど、特に注目に値することをもう一方の人がしていたとしたら、その人に対する見方ががらりと変わるかもしれない。こうしたことが心理的な波及効果を生み、相手の意見や態度を再評価することになるのである。

人を嫌う理由も見つかるかもしれないが、その人に焦点を当て、高く評価しているところがあるからこそ、建設的な人間関係を育てていけるのである。

⑥ 私には手遅れでも、あなたならまだ間に合う

残念ながら、この世を去った人と五分でもいいから会話ができるなら大事な虎の子をあげてもいい、という人が少なくない。

そこで、生涯において人と和解する機会をついに逸してしまった人に頼んで、あなたが仲裁に入っているもめごとの当事者たちの一方か両方に話をしてもらおう。仲直りができなかったことからくる罪の意識や自滅的な思いにはかなり深刻なものがある。そこで、関係者全員のために一肌脱ぐのがあなたの役目だ。これは、すでに仲直りのチャンスを失ってしまった人にもためになることだが、人を許すことの大切さを人に説明し伝えていくことは、しばしば罪悪感や心の傷を大幅に軽減することにもなるのである。こうした話は、一方の話にせめて耳を傾けてもらうのに絶大な効果がある。

⑦〝心のカード〟を切り直す

和解に向けて、どちらかの生活の中で重要となる出来事を利用する。いいことでも悪いことでも、人の生き死にでもかまわないが、こうした出来事は心理的なカードを切り直すきっかけになる。と同時に、新しいカードを引くいいチャンスともなるかもしれない。つまり、ものの見方、価値観、見通し、優先順位などを改めることになるのだ。これにより、問題を切り出し、コミュニケーションの扉を開ける絶好の機会が訪れるのである。

相手の病気、重大事、受賞などを知ったら、電話をかける、カードやギフトを贈るなど、何らかの行動を起こすのが手っ取り早く仲直りができる何よりもの近道なのだ。

25 このシンプル・ルールで、どんな人間関係も劇的に改善！

親族、友人、家族、同僚など、どんな人との関係であれ、その力関係にかかわらず、以下の驚くほどシンプルな九つのルールに従えば、人間関係がびっくりするほどよくなる。相手が誰であれ、たいした努力もせずにとてもいい関係になれる。こうしたルールは基本的なもので、あらゆる人間関係の土台となるのである。

① 相手を最高にいい気分にする〝心遣い〟

このルールには言葉では言い表わせないほどの威力がある。顔を合わせたら、すぐに満面の笑みをたたえて歩み寄り、心から喜んでいるそぶりを見せる。そうすれば、相手は最高にいい気分になれる。すると、温かく迎えられ、その心遣いに気をよくした相手から、うんと高い評価が得られることだろう。

②相手がいないところでも「小さな敬意」を積み重ねる

これは、人を酷評したりしない、ということ。特に他の人たちのいる前では、けっして相手をこき下ろしたりしてはいけない。キョロキョロよそ見をしたり、失礼な振る舞いをしたりするのもまずい。また、相手のいないところでは、けっしてその人の噂話や悪口をいわないことも、敬意の証となる。相手が話をしているときは、「真剣に」聞く。何かを読んでいたり注意散漫であったりしてはいけない。こうしたことは実にささいなことだが、二人が仲よくやっていくうえで、とても重要なことなのだ。

③責めない、批判しないのが「思いやり」

相手がミスをしたときは、そんなことは誰でもすることなのだから、自分を責めないように、という。すぐに批判したり、とがめたりしてはいけない。そんなことをすれば、相手は防御態勢に入り、理屈っぽくなるだけだ。しかし、相手が落ち込んでいるときに支えてあげれば、相手に対する思いやりとともに、自分の利益にばかり目がいっているわけではないことが相手に伝わる。

ともかく、「相手の立場」に立つことだ。自分の正しさを主張したり、相手より自分のほうが賢いことを証明したりしたところで、メリットがあるわけでも、褒美をもらえるわけでもない。何も得るものなどないのである。しかし、共感を示して相手を支えてあげれば、それこそ、ご褒美がもらえる——何しろ、とっても素晴らしい関係が築けるのだから。

④ 疑わしきは罰せず

相手から「敬意のない証」と思われるようなことをされても、大目に見る。あなたを待たせたり、黙って何かをもっていったりしても、それなりの理由があったからに違いないと解釈しよう。それから、そのことについて問う場合には、非難めいた口調で責め立ててはいけない。相手の動機があまり感心できないものであっても、ここで寛大なところを見せておけば、次からは相手も悔い改めるものだ。

⑤ 百の言葉より効果的な「やさしい一言」

驚くなかれ、あらゆる人間関係において、やさしい言葉をかけるとしたら、相手が何かまずいことをしてしまったときが一番いいらしい。時には早め早めに声をかけるようにしよう。困っているときのやさしい一言は、あとで百の言葉をかけられるぐらいの価値があるのだから。

⑥ あなたの暮らしに貢献するチャンスを与える

あなたの一部と化して献身的に尽くしてもらうことほど、互いの絆が固くなることはない。そこで、相手が何らかの形で貢献できそうなときに、アドバイスや情報を求めてみよう。相手に「与える」ことをさせれば、本人も満足できるし、お互いの関係もそれだけ親密になれる。

⑦ 腹の立つことをされても、二十四時間我慢する

たった二十四時間でも、自分の見方がかなり変わってしまうことにきっと驚くはずだ。確かに、いいたいことはまだあるかもしれないが、もっと釣り合いのとれた客観的なアプローチができるようになるものだ。

⑧ 〝重箱の真ん中〟ならつついていい

迷惑を被っている、あるいは相手の行動にイライラする、不愉快だ、というときは、その話題をもち出す。ただし、問題をさらに悪化させないように気をつけて話をする。心の中にもやもやを抱えたままだと、二人の関係にとっても、あなたにとってもあまりいいことはない。とはいえ、如才なく立ち回るようにする。重箱の隅をつつくようなまねはけっ

してしてはいけない。よく肝に銘じておこう。本当にトラブルとなっている問題だけを話題にすることだ。

⑨ 自分自身の打ち明け話を〝ちょっぴり〟する

たとえプライベートな関係でなくても、相手をあなたの生活の中に少しだけ招き入れる。生まれつき表現力がとても豊かな人もいるが、たいていの人はもっと心を閉ざしているものだ。もし、あなたがこうした内気なタイプであるなら、このルールに従えば、人間関係をずっとよくできるかもしれない。

お互いにいったん尊敬し合うようになれば、どちらかが少々悪いことをしても、うっかりしていても、この新しいレンズを通してフィルターをかけた状態で見るようになるため、誤解もすれ違いも単純ミスとしてすんでしまうのである。

どんな相手《あいて》でも味方《みかた》につける最強《さいきょう》の心理戦術《しんりせんじゅつ》

著　者——デヴィッド・リーバーマン

訳　者——伊東　明（いとう・あきら）

発行者——押鐘冨士雄

発行所——株式会社三笠書房

〒112-0004 東京都文京区後楽1-4-14
電話：(03)3814-1161（営業部）
：(03)3814-1181（編集部）
振替：00130-8-22096
http://www.mikasashobo.co.jp

印　刷——誠宏印刷

製　本——宮田製本

編集責任者　前原成寿
ISBN4-8379-5618-1 C0030